大方廣佛華嚴經卷第三十六變相

大方廣佛華嚴經

일러두기

1. 『대방광불화엄경 강설』원문原文의 저본底本은 근세에 교정이 가장 잘 되었다고 정평이 나 있는 대만臺灣의 불타교육기금회佛陀教育基金會에서 출판한 『화엄경소초華嚴經疏鈔』본입니다.

2. 『대방광불화엄경 강설』은 실차난타實叉難陀가 695년부터 699년까지 4년에 걸쳐 번역해 낸 80권본卷本 『대방광불화엄경』을 우리말로 옮기고 강설을 붙인 것입니다.

3. 『대방광불화엄경』은 애초 산스크리트에서 한역漢譯된 경전이지만 현재 산스크리트본은 소실된 상태입니다. 산스크리트를 음차한 경우 군이 원래 소리를 표기하려고 하기보다는 『표준국어대사전』이나 『불교사전』 등에 등재된 한자음을 사용하는 것을 원칙으로 하였습니다.

4. 경문의 한글 번역은 동국역경원본을 참고하여 그대로 또는 첨삭을 하며 의미대로 번역하고 다듬었습니다.

5. 각 품마다 내용에 따라 단락을 나누고 제목을 달았습니다. 단락의 제목은 주로 청량淸凉스님의 견해에 기초하였고 이통현李通玄장자의 견해를 참고로 하였습니다.

6. 『대방광불화엄경 강설』의 발행 순서는 한역 경전의 편재 순서를 기준으로 하였고 각 권은 단행본 한 권씩으로 출간될 예정이며 모두 80권으로 완간됩니다. 다만 80권본에 빠져 있는 「보현행원품」은 80권본 완역 및 강설 후 시리즈에 포함돼 추가될 예정입니다.

7. 『대방광불화엄경 강설』 안에서 불교용어를 풀이한 것은 운허스님이 저술하고 동국역경원에서 편찬한 『불교사전』을 인용하였습니다.

8. 각주의 청량스님의 소疏는 대만에서 입력한 大方廣佛華嚴經 사이트의 것을 사용하였습니다.

9. 『대방광불화엄경 강설』 입법계품에 들어가는 문수지남도는 북송北宋시대 불국佛國선사가 선재동자가 53명의 선지식을 친견하여 법을 구하는 장면을 하나하나 그림으로 그린 것입니다.

대방광불화엄경 강설
제 26 권

二十五. 십회향품+廻向品 4

실차난타實叉難陀 한역
무비스님 강설

서문

불교란 오로지 보시이며, 보시가 곧 불교입니다. 달리 말하면 무엇이나 마음을 다해서 베풀고 나누는 것이 불교입니다. 불교는 베풀고 나누는 이 일 한 가지뿐입니다. 세상을 위해서 존재하는 것이 불교라면 베풀고 나누는 일 외에 달리 무슨 일이 더 있겠습니까?

먼저 법을, 진리를, 진리의 가르침[法]을 베풀고 나누는 일입니다. 다음은 재산[財]이나 물질을 필요로 하는 사람에게 무리하지 말고 형편에 따라 베풀고 나누는 일입니다. 다음은 외롭고 두려움에 처한 사람들에게 의지가 되어 주고 편안함[無畏]을 베푸는 일입니다.

잡보장경에서는 무재칠시無財七施라 하여 돈을 들이지 않고도 베풀고 나누어 무량대복을 지을 수 있는 길을 제시하였습니다. 부드럽고 자비로운 눈빛으로 사람을 편안하게 대하는 것은 자안시慈眼施입니다. 얼굴에 미소를 가득 안고 사람을 대하는 모습은 화안시和顏施입니다. 아름답고 공손한 말로 사람들을 대하는 것은 언사시言辭施입니다. 몸소 행동으로 사람들을 돕는 것은 사신시捨身施입니다. 따뜻한 마음으로 사람들을 배려하는 것은 심려시心慮施입니다. 다른 사람에게 자리를 양보하는 것은 상좌시床座施입니다. 잠깐이라도 잠자리나 거처 등을 마련해 주는 것은 방사시房舍施입니다. 이 일곱 가지 보시만으로도 세상은 얼마나 밝고 향기롭고 아름다운 세상이 되겠습니까.

이 모든 보시거리는 실은 사람 사람이 본래로 마음속에 가지고 있는 것들입니다. 본래로 가지고 있는 것을 보시하는 것은 곧 회향이 됩니다. 그리고 그 보시를 보다 높은 뜻으로 회향하여 대자대비의 마음으로 온 우주를 흠뻑 적시는 것이 세상에서 가장 뛰어난 가르침인 진정한 불교입니다. 80권이나 되는 화엄경과 나아가서 8만4천 대장경은 이 보시하여 회향하는 것이 진정한 사람의 길이며 부처님이 가르치신 오직 한 길이라는 것을 보여 주었습니다.

보시일법布施一法이 총섭제행總攝諸行입니다. 베풀고 나누는 이 한 가지 일이 모든 수행을 다 포섭하고 있습니다. 이보다 더 훌륭한 수행이 무엇이 있겠습니까. 부디 사람으로서 사람답게 살려면 숨을 쉬듯이, 또 음식을 먹고 배설하듯이, 지식을 배우고 가르치듯이 일체를 보시하여 회향합시다.

2015년 4월 15일

신라 화엄종찰 금정산 범어사

如天 無比

대방광불화엄경 목차

대방광불화엄경 강설 제26권

二十五. 십회향품十廻向品 4

4. 금강당보살이 열 가지 회향을 설하다

8) 제6 수순견고일체선근회향

(6) 60종의 보시

대방광불화엄경 강설

제26권

二十五. 십회향품 4

4. 금강당보살이
열 가지 회향을 설하다

8) 제6 수순견고일체선근회향隨順堅固一切善根廻向

(6) 60종의 보시

16〉 보배로 장엄한 수레를 보시하다

〈1〉 보시할 대상

불 자　보 살 마 하 살　이 종 종 거　중 보 엄 식
佛子야 菩薩摩訶薩이 以種種車의 衆寶嚴節으로

봉 시 제 불　급 제 보 살　사 장 선 우　성 문 연 각
奉施諸佛과 及諸菩薩과 師長善友와 聲聞緣覺의

여 시 무 량 종 종 복 전　내 지 빈 궁 고 로 지 자
如是無量種種福田과 乃至貧窮孤露之者하나니

"불자들이여, 보살마하살이 가지가지 수레를 보배로

장엄하게 장식하여 모든 부처님과 보살과 스승과 선지식과 성문과 연각과 이와 같은 가지가지 복전과 내지 빈궁하고 외로운 사람들에게 보시하느니라."

십회향 가운데 제6 견고한 일체 선근을 수순하는 회향[隨順堅固一切善根廻向]의 계속이다. 이 회향은 60종의 보시로 회향하는 것인데, 그중 16번째인 보배로 아름답게 장엄한 수레를 보시하는 내용이다.

먼저 보시할 대상을 밝혔다. 모든 부처님과 보살과 스승과 선지식과 성문과 연각과 이와 같은 가지가지 복전이 되는 대상과 빈궁하고 외로운 사람들에게 보시하는 것이다. 그런데 복전의 대상으로 부처님과 보살과 스승과 선지식과 성문과 연각까지 들고, 빈궁하고 외로운 사람들은 그 외에 소개되었다. 어떤 의미일까? 빈궁하고 외로운 사람들은 복전에 해당하지 않는가? 그런 뜻은 아닐 것이다.

차 제 인 중　　혹 종 원 래　　　혹 종 근 래　　　　혹 승
此諸人衆이 **或從遠來**하며 **或從近來**하며 **或承**

보살명문고　래　　혹시보살인연고　래　　혹
菩薩名聞故로 **來**하며 **或是菩薩因緣故**로 **來**하며 **或**

문보살왕석소발시원고　래　　혹시보살심원
聞菩薩往昔所發施願故로 **來**하며 **或是菩薩心願**

청래
請來하니라

　　"이 모든 사람들이 혹 멀리서 오고, 혹 가까운 데서
오고, 혹 보살의 소문을 듣고 오고, 혹 보살의 인연으로
오고, 혹 보살이 옛날에 세운 보시布施하려는 소원을 듣
고 오고, 혹 보살이 소원으로 청하여 온 것이니라."

　　다시 먼 데서 오거나 가까운 데서 오거나 보살의 소문을
듣고 오거나 보살의 인연으로 오거나 보살이 옛날에 세운 보
시하려는 소원을 듣고 오거나 혹 보살이 소원으로 청하여
온 이들이 모두 그 대상이다. 실로 어느 누군들 보살이 보시
할 대상이 아니겠는가.

〈2〉 보시할 수레의 종류

보살 시시 혹시보거 혹시금거 실묘
菩薩이 **是時**에 **或施寶車**하며 **或施金車**호대 **悉妙**

장엄 영망부상 보대수하
莊嚴하야 **鈴網覆上**하고 **寶帶垂下**하며

"보살이 이때에 혹은 보배 수레를 보시하고, 혹은 황금 수레를 보시하니, 다 아름답게 장엄하여 방울과 그물을 위에 덮고 보배 띠를 드리웠느니라."

보배로 장엄한 수레를 보시하는데 수레의 종류를 밝혔다. 아마도 요즘 같으면 자전거나 휠체어에서부터 온갖 자동차를 열거하였을 것이다. 큰 차도 있고 작은 차도 있고 버스나 열차나 여객선이나 비행기도 있다. 호화로운 요트도 생각할 수 있을 것이다. 사람이 다른 장소로 이동하는데 교통수단으로서의 수레는 중요하기 때문에 상상할 수 있는 온갖 것을 열거하였다.

혹시상묘유리지거　　무량진기　　이위엄식
或施上妙瑠璃之車호대 **無量珍奇**로 **以爲嚴飾**

하며

"혹은 가장 훌륭한 유리 수레를 보시하니, 한량없는
진귀한 보배로 장식하였느니라."

혹부시여백은지거　　부이금망　　가이준
或復施與白銀之車호대 **覆以金網**하고 **駕以駿**

마
馬하며

"혹은 백은白銀 수레를 보시하니, 황금 그물을 덮고 준
마를 메웠느니라."

혹부시여무량잡보소장엄거　　부이보망
或復施與無量雜寶所莊嚴車호대 **覆以寶網**

　가이향상
하고 **駕以香象**하며

"혹은 한량없는 여러 가지 보배로 장엄한 수레를 보시

하니, 보배 그물을 덮고 향기 나는 코끼리를 메웠느니라."

혹부시여전단지거 　 묘보위륜 　 잡보위
或復施與栴檀之車호대 **妙寶爲輪**하고 **雜寶爲**

개 　 보사자좌 　 부치엄호 　 백천채녀 　 열
蓋하고 **寶獅子座**를 **敷置嚴好**하야 **百千婇女**가 **列**

좌기상 　 십만장부 　 견어이행
坐其上하고 **十萬丈夫**가 **牽御而行**하며

"혹은 전단 수레를 보시하니, 묘한 보배로 바퀴가 되
고, 잡색 보배로 일산이 되고, 보배 사자좌를 훌륭하게
놓았으며, 백천 채녀가 그 위에 둘러앉았고, 십만 명의
장부가 끌고 가느니라."

혹부시여파려보거 　 중잡묘보 　 이위엄식
或復施與玻瓈寶車호대 **衆雜妙寶**로 **以爲嚴飾**

단정여인 　 충만기중 　 보장부상 　 당번
하고 **端正女人**이 **充滿其中**하며 **寶帳覆上**하고 **幢幡**

시 측
侍側하며

  "혹은 파려보배 수레를 보시하니, 여러 가지 묘한 보배로 장엄하게 단장하고, 단정한 여인들이 그 안에 가득한데, 보배 휘장을 위에 덮고 당기와 깃발을 든 이들이 곁에 있었느니라."

  혹 부 시 여 마 노 장 거   식 이 중 보   훈 제 잡
或復施與瑪瑙藏車호대 **節以衆寶**하고 **熏諸雜**

향   종 종 묘 화   산 포 장 엄   백 천 채 녀   지
香하며 **種種妙華**로 **散布莊嚴**하고 **百千婇女**가 **持**

보 영 락   가 어 균 조   섭 험 능 안
寶瓔珞하며 **駕馭均調**하야 **涉險能安**하며

  "혹은 마노 수레를 보시하니, 여러 가지 보배로 장식하고, 여러 가지 향기를 풍기며, 가지각색 꽃을 흩어 장엄하고, 백천 채녀들이 보배 영락을 가지고, 균형 잡히게 몰아가서 험한 길을 달려도 편안하느니라."

혹 부 시 여 견 고 향 거　　중 보 위 륜　　장 엄 거
或復施與堅固香車호대 衆寶爲輪하고 莊嚴巨

려　　보 장 부 상　　보 망 수 하　　종 종 보 의　　부
麗하며 寶帳覆上하고 寶網垂下어든 種種寶衣로 敷

포 기 중　　청 정 호 향　　유 분 외 철　　기 향 미 묘
布其中하며 淸淨好香이 流芬外徹하니 其香美妙하야

칭 열 인 심　　무 량 제 천　　익 종 이 행　　재 이 중 보
稱悅人心하며 無量諸天이 翼從而行호대 載以衆寶

　　수 시 급 시
하야 隨時給施하며

"혹은 견고한 향 수레를 보시하니, 여러 보배로 바퀴가 되고, 장엄이 매우 훌륭하여 보배 휘장을 위에 덮고, 보배 그물을 드리웠으며, 갖가지 보배 천을 그 안에 깔았으니, 청정한 향기가 밖으로 흘러나와 향기가 아름다워 사람들의 마음을 기쁘게 하며, 한량없는 많은 천신들이 보호하여 좌우로 다니면서 싣고 오는 온갖 보배로 때를 따라 보시하여 주느니라."

혹 부 시 여 광 명 보 거　　종 종 제 보　　묘 색 영 철
或復施與光明寶車호대 **種種諸寶**가 **妙色映徹**

중 묘 보 망　　나 부 기 상　　잡 보 영 락　　주 잡 수
하며 **衆妙寶網**을 **羅覆其上**하며 **雜寶瓔珞**을 **周帀垂**

하　　산 이 말 향　　내 외 분 결　　소 애 남 녀　　실
下하며 **散以末香**하야 **內外芬潔**하며 **所愛男女**를 **悉**

재 기 상
載其上이니라

　"혹은 광명이 있는 보배 수레를 보시하니, 가지각색
보배에서 아름다운 빛이 환히 비치며, 여러 가지 보배
그물이 위에 덮이었고, 보배 영락이 두루두루 사방에
드리웠으며, 가루향을 뿌리어 안팎이 향기롭고, 사랑스
러운 남녀들이 그 위에 타고 있느니라."

　단순하게 수레만을 보시하는 것이 아니라 호화로운 수
레에는 수레를 끄는 말이나 코끼리나 사람도 있어야 한다.
또 아름다운 장엄거리도 빼놓을 수 없다. 시중을 드는 사
람도 있어야 한다. 이와 같은 가지가지를 다 열거하였다.

〈3〉 부처님께 보시하여 회향하다

불자 보살마하살 이여시등중묘보거 봉
佛子야 菩薩摩訶薩이 以如是等衆妙寶車로 奉

시불시 이차선근 여시회향 소위원일체
施佛時에 以此善根으로 如是廻向호대 所謂願一切

중생 실해공양최상복전 심신시불 득무
衆生이 悉解供養最上福田하야 深信施佛에 得無

량보
量報하며

"불자들이여, 보살마하살이 이와 같은 등 보배 수레들
을 부처님께 받들어 보시할 적에 이런 선근으로 이와 같
이 회향하느니라. 이른바 '원컨대 일체 중생이 가장 높
은 복전에 공양할 줄을 알고, 부처님께 보시함에 한량없
는 과보 얻음을 깊이 믿어지이다.' 라고 하느니라."

원일체중생 일심향불 상우무량청정복
願一切衆生이 一心向佛하야 常遇無量淸淨福

전
田하며

"'원컨대 일체 중생이 일심으로 부처님께 향하여 한량 없고 청정한 복전을 항상 만나지이다.'라고 하느니라."

원 일 체 중 생　　어 제 여 래　　무 소 린 석　　구 족
願一切衆生이 **於諸如來**에 **無所悋惜**하야 **具足**

성 취 대 사 지 심
成就大捨之心하며

"'원컨대 일체 중생이 모든 여래에게 아낄 것이 없이 크게 보시하는 마음을 구족하게 성취하여지이다.'라고 하느니라."

원 일 체 중 생　　어 제 불 소　　수 행 시 행　　이 이
願一切衆生이 **於諸佛所**에 **修行施行**하야 **離二**

승 원　　　체 득 여 래 무 애 해 탈 일 체 지 지
乘願하고 **逮得如來無礙解脫一切智智**하며

"'원컨대 일체 중생이 부처님 계신 데서 보시를 행하며, 이승二乘의 소원을 버리고 여래의 걸림 없는 해탈과 일체 지혜의 지혜를 얻어지이다.'라고 하느니라."

원 일체 중생　　어 제 불 소　　행 무 진 시　　　입 불
願一切衆生이 於諸佛所에 行無盡施하야 入佛

무 량 공 덕 지 혜
無量功德智慧하며

　"'원컨대 일체 중생이 부처님 계신 데서 다함없는 보
시를 행하여 부처님의 한량없는 공덕과 지혜에 들어가
지이다.' 라고 하느니라."

　　원 일체 중생　　입 불 승 지　　　득 성 청 정 무 상 지
　願一切衆生이 入佛勝智하야 得成淸淨無上智

왕
王하며

　"'원컨대 일체 중생이 부처님의 수승한 지혜에 들어
가 청정하고 위없는 지혜의 왕을 이루어지이다.' 라고
하느니라."

　　원 일체 중생　　득 불 변 지 무 애 신 통　　　수 소 욕
　願一切衆生이 得佛徧至無礙神通하야 隨所欲

^왕
往하야 ^{미 부 자 재}靡不自在하며

"'원컨대 일체 중생이 부처님의 아무데나 가시는 걸림 없는 신통을 얻어, 가고 싶은 데는 마음대로 가게 하여지이다.'라고 하느니라."

^{원 일 체 중 생}願一切衆生이 ^{심 입 대 승}深入大乘하야 ^{획 무 량 지}獲無量智하야 ^안安

^{주 부 동}住不動하며

"'원컨대 일체 중생이 대승大乘에 깊이 들어가 한량없는 지혜를 얻고 편안히 있어 동動하지 말아지이다.'라고 하느니라."

^{원 일 체 중 생}願一切衆生이 ^{개 능 출 생 일 체 지 법}皆能出生一切智法하야 ^{위 제 천}爲諸天

^인人의 ^{최 상 복 전}最上福田하며

"'원컨대 일체 중생이 일체 지혜의 법을 능히 내어서 천상인간의 가장 높은 복전이 되어지이다.' 라고 하느니라."

원 일체 중생   어 제불소   무 혐 한 심   근 종
願一切衆生이 於諸佛所에 無嫌恨心하야 勤種

선 근   낙 구 불 지
善根하야 樂求佛智하며

"'원컨대 일체 중생이 부처님이 계신 데에 꺼리고 싫어하는 마음이 없이 부지런히 선근을 심고 부처님 지혜를 즐겨 구하여지이다.' 라고 하느니라."

원 일체 중생   임 운 능 왕 일체 불 찰   일 찰 나
願一切衆生이 任運能往一切佛刹하야 一刹那

중   보 주 법 계   이 무 해 권
中에 普周法界호대 而無懈倦하며

"'원컨대 일체 중생이 마음대로 모든 세계에 가며, 한 찰나에 법계에 두루 하되 게으르지 말아지이다.' 라고

하느니라."

원 일 체 중 생   체 득 보 살 자 재 신 통   분 신 변
願一切衆生이 逮得菩薩自在神通하야 分身徧

만 등 허 공 계   일 체 불 소   친 근 공 양
滿等虛空界하야 一切佛所에 親近供養하며

"'원컨대 일체 중생이 보살의 자재한 신통을 얻고 몸
을 나누어 허공계에 가득하며 모든 부처님께 친근하고
공양하여지이다.' 라고 하느니라."

원 일 체 중 생   득 무 비 신   변 왕 시 방   이
願一切衆生이 得無比身하야 徧往十方호대 而

무 염 권
無厭倦하며

"'원컨대 일체 중생이 비길 데 없는 몸을 얻고 시방에
두루 이르되 싫은 마음이 없어지이다.' 라고 하느니라."

원 일 체 중 생   득 광 대 신   비 행 신 질   수
願一切衆生이 得廣大身하야 飛行迅疾하야 隨

의 소 왕   종 무 해 퇴
意所往에 終無懈退하며

"'원컨대 일체 중생이 광대한 몸을 얻고 빨리 날아다니며 마음대로 가되 마침내 게으르지 말아지이다.'라고 하느니라."

원 일 체 중 생   득 불 구 경 자 재 위 력   일 찰 나
願一切衆生이 得佛究竟自在威力하야 一刹那

중 진 허 공 계   실 현 제 불 신 통 변 화
中盡虛空界에 悉現諸佛神通變化하며

"'원컨대 일체 중생이 부처님의 끝까지 자재한 위신력을 얻고, 한 찰나 동안에 온 허공계에서 모든 부처님들의 신통변화를 모두 나타내지이다.'라고 하느니라."

원 일 체 중 생   수 안 락 행   수 순 일 체 제 보 살
願一切衆生이 修安樂行하야 隨順一切諸菩薩

도
道하며

"'원컨대 일체 중생이 안락한 행을 닦아서 일체 모든
보살의 도를 수순하여지이다.' 라고 하느니라."

원 일 체 중 생   득 속 질 행   구 경 십 력 지 혜 신
願一切衆生이 得速疾行하야 究竟十力智慧神

통
通하며

"'원컨대 일체 중생이 빠른 행동을 얻어 십력十力과 지
혜와 신통을 끝까지 이루어지이다.' 라고 하느니라."

원 일 체 중 생   보 입 법 계 시 방 국 토   실 진 변
願一切衆生이 普入法界十方國土하야 悉盡邊

제   등 무 차 별
際하야 等無差別하며

"'원컨대 일체 중생이 법계의 시방 국토에 두루 들어
가 끝이 다하도록 차별이 없어지이다.' 라고 하느니라."

원 일 체 중 생　　행 보 현 행　　무 유 퇴 전　　도
願一切衆生이 行普賢行하야 無有退轉하고 到

어 피 안　　성 일 체 지
於彼岸하야 成一切智하며

"'원컨대 일체 중생이 보현의 행行을 수행하여 퇴전

하지 말고 저 언덕에 이르러 일체 지혜를 이루어지이

다.'라고 하느니라."

원 일 체 중 생　　승 어 무 비 지 혜 지 승　　　수 순 법
願一切衆生이 昇於無比智慧之乘하야 隨順法

성　　　견 여 실 리　　시 위 보 살 마 하 살　　이 중 보 거
性하야 見如實理니 是爲菩薩摩訶薩이 以衆寶車로

봉 시 현 재 일 체 제 불　　급 불 멸 후 소 유 탑 묘　　　선
奉施現在一切諸佛과 及佛滅後所有塔廟하는 善

근 회 향　　위 령 중 생　　　득 어 여 래 구 경 출 리 무
根廻向이니 爲令衆生으로 得於如來究竟出離無

애 승 고
礙乘故니라

"'원컨대 일체 중생이 비길 데 없는 지혜의 법에 올

라가서 법의 성품을 따라 실상과 같은 이치를 보아지이
다.'라고 하느니라. 이것이 보살마하살이 모든 보배 수
레로 현재의 일체 모든 부처님과 부처님이 열반하신 뒤
에는 탑묘塔廟에 받들어 보시하여 선근으로 회향하는 것
이니라. 중생들로 하여금 여래의 구경究竟에 벗어나는 걸
림 없는 법을 얻게 하려는 연고이니라."

부처님께 보시하여 회향하는 내용을 밝혔다. 마음과 부
처와 중생이 차별이 없다는 원칙 아래, 일체 생명 일체 사람
을 모두 부처님으로 받들어 섬기며 갖가지 수레를 보시한다
면 실로 큰 회향이 될 것이다.

〈4〉 보살과 선지식에게 보시하다

불 자   보 살 마 하 살   이 중 보 거   시 보 살 등 선
佛子야 菩薩摩訶薩이 以衆寶車로 施菩薩等善

지 식 시   이 제 선 근   여 시 회 향   소 위 원 일 체
知識時에 以諸善根으로 如是廻向호대 所謂願一切

중 생   심 상 억 지 선 지 식 교   전 근 수 호   영
衆生이 心常憶持善知識敎하야 專勤守護하야 令

불 망 실
不忘失하며

"불자들이여, 보살마하살이 온갖 보배 수레를 보살과 선지식善知識에게 보시할 적에 모든 선근으로 이와 같이 회향하느니라. 이른바 '원컨대 일체 중생이 항상 마음으로 선지식의 가르침을 기억하고 부지런히 수호하여 잊어버리지 말아지이다.' 라고 하느니라."

원 일 체 중 생　여 선 지 식　동 일 의 리　보 섭
願一切衆生이 **與善知識**으로 **同一義利**하야 **普攝**
일 체　여 공 선 근
一切하야 **與共善根**하며

"'원컨대 일체 중생이 선지식과 더불어 이치와 이로움이 동일하여 모든 이들을 두루 포섭하여 선근을 함께 하여지이다.' 라고 하느니라."

원 일 체 중 생　근 선 지 식　존 중 공 양　실 사
願一切衆生이 **近善知識**하야 **尊重供養**하야 **悉捨**

소유　　순가기심
所有하야 **順可其心**하며

　"'원컨대 일체 중생이 선지식을 친근하여 존중하고
공양하며 가진 것을 모두 버려서 그의 마음을 수순하여
지이다.' 라고 하느니라."

원 일 체 중 생　득 선 지 욕　　수 축 선 우　　미 상
願一切衆生이 **得善志欲**하야 **隨逐善友**하야 **未嘗**

사 리
捨離하며

　"'원컨대 일체 중생이 훌륭한 뜻을 얻어서 선지식을
따라다니고 떠나지 말아지이다.' 라고 하느니라."

원 일 체 중 생　상 득 치 우 제 선 지 식　　전 의 승
願一切衆生이 **常得值遇諸善知識**하야 **專意承**

봉　　불 위 기 교
奉하야 **不違其敎**하며

　"'원컨대 일체 중생이 모든 선지식을 항상 만나서 마

음 다해 섬기고 그의 가르침을 어기지 말아지이다.'라
고 하느니라."

원 일 체 중 생　　낙 선 지 식　　상 불 사 리　　무 간
願一切衆生이 **樂善知識**하야 **常不捨離**하야 **無間**

무 잡　　역 무 오 실
無雜하고 **亦無誤失**하며

"'원컨대 일체 중생이 선지식을 좋아하여 항상 떠나
지 말고, 사이도 나지 않고 섞임도 없으며 또한 잘못함
도 없어지이다.'라고 하느니라."

원 일 체 중 생　　능 이 기 신　　시 선 지 식　　수 기
願一切衆生이 **能以其身**으로 **施善知識**하야 **隨其**

교 명　　미 유 위 역
教命하야 **靡有違逆**하며

"'원컨대 일체 중생이 몸으로 선지식께 보시하고 가
르치는 명령을 순종하여 어기지 말아지이다.'라고 하느
니라."

원 일 체 중 생　위 선 지 식 지 소 섭 수　　수 습 대
願一切衆生이 爲善知識之所攝受하야 修習大

자　　원 리 제 악
慈하야 遠離諸惡하며

"'원컨대 일체 중생이 선지식의 거두어 주는 바가 되
어서 큰 자비를 닦아서 모든 악을 멀리 떠나지이다.' 라
고 하느니라."

원 일 체 중 생　　수 선 지 식　　청 문 제 불 소 설 정
願一切衆生이 隨善知識하야 聽聞諸佛所說正

법
法하며

"'원컨대 일체 중생이 선지식을 따라다니면서 모든
부처님이 말씀하신 바른 법을 듣기를 원해지이다.' 라
고 하느니라."

원 일 체 중 생　　여 선 지 식　　동 일 선 근　　청
願一切衆生이 與善知識으로 同一善根하야 淸

정업과　　　여제보살　동일행원　　구경십력
淨業果하고 **與諸菩薩**로 **同一行願**하야 **究竟十力**하며

"'원컨대 일체 중생이 선지식과 더불어 선근이 같아서 업業과 과보果報가 청정하며, 보살들과 더불어 행行과 원願이 같아서 십력十力을 끝까지 얻어지이다.'라고 하느니라."

원 일 체 중 생　　실 능 수 지 선 지 식 법　　체 득 일
願一切衆生이 **悉能受持善知識法**하야 **逮得一**
체 삼 매 경 계 지 혜 신 통
切三昧境界智慧神通하며

"'원컨대 일체 중생이 선지식의 법을 모두 받아 지니며, 일체 삼매의 경계와 지혜와 신통을 얻어지이다.'라고 하느니라."

원 일 체 중 생　　실 능 수 지 일 체 정 법　　수 습 제
願一切衆生이 **悉能受持一切正法**하야 **修習諸**

행 　 도 어 피 안
行하야 到於彼岸하며

"'원컨대 일체 중생이 일체 바른 법을 모두 받아 지니고 여러 가지 행을 닦아서 저 언덕에 이르러지이다.'라고 하느니라."

원 일 체 중 생 　 승 어 대 승 　 무 소 장 애 　 구 경
願一切衆生이 乘於大乘하야 無所障礙하야 究竟

성 취 일 체 지 도
成就一切智道하며

"'원컨대 일체 중생이 대승大乘을 타고서 장애가 없으며 구경究竟에 일체 지혜의 도道를 성취하여지이다.'라고 하느니라."

원 일 체 중 생 　 실 득 상 어 일 체 지 승 　 지 안 은
願一切衆生이 悉得上於一切智乘하야 至安隱

처 　 무 유 퇴 전
處하야 無有退轉하며

"'원컨대 일체 중생이 일체 지혜의 수레를 타고서 편안한 곳에 이르러 퇴전하지 말아지이다.' 라고 하느니라."

원 일 체 중 생　　지 여 실 행　　수 기 소 문 일 체 불
願一切衆生이 **知如實行**하야 **隨其所聞一切佛**

법　　개 득 구 경　　영 무 망 실
法하야 **皆得究竟**하야 **永無忘失**하며

"'원컨대 일체 중생이 실지와 같이 행함을 알고 일체 불법을 들은 대로 구경까지 이르러 영원히 잊지 말아지이다.' 라고 하느니라."

원 일 체 중 생　　보 위 제 불 지 소 섭 수　　득 무 애
願一切衆生이 **普爲諸佛之所攝受**하야 **得無礙**

지　　구 경 제 법
智하야 **究竟諸法**하며

"'원컨대 일체 중생이 모든 부처님의 거두어 주심을 받잡고 걸림 없는 지혜를 얻어 모든 법을 끝까지 이루어지이다.' 라고 하느니라."

원일체중생   득무퇴실자재신통   소욕왕
願一切衆生이 得無退失自在神通하야 所欲往

예   일념개도
詣에 一念皆到하며

"'원컨대 일체 중생이 물러가지 않는 자재한 신통을
얻고, 가려고 하는 데는 잠깐 동안에 모두 이르러지이
다.'라고 하느니라."

원일체중생   왕래자재   광행화도   영주
願一切衆生이 往來自在하야 廣行化導하야 令住

대승
大乘하며

"'원컨대 일체 중생이 마음대로 다니면서 널리 교화
하여 대승에 머물게 하여지이다.'라고 하느니라."

원일체중생   소행불공   재이지승   도구
願一切衆生이 所行不空하야 載以智乘하야 到究

경 위
竟位하며

　　"'원컨대 일체 중생이 행하는 바가 공_空하지 아니하
며 지혜의 수레를 타고 구경의 지위에 도달하여지이다.'
라고 하느니라."

　　원 일 체 중 생　　득 무 애 승　　　이 무 애 지　　지 일
　　願一切衆生이 **得無礙乘**하야 **以無礙智**로 **至一**

체 처　　시 위 보 살 마 하 살　　시 선 지 식 종 종 거 시
切處니 **是爲菩薩摩訶薩**이 **施善知識種種車時**에

선 근 회 향　　위 령 중 생　　　공 덕 구 족　　　여 불 보
善根廻向이니 **爲令衆生**으로 **功德具足**하야 **與佛菩**

살　　등 무 이 고
薩로 **等無異故**니라

　　"'원컨대 일체 중생이 걸림 없는 법을 얻고 걸림 없
는 지혜로 일체 곳에 이르러지이다.'라고 하느니라. 이
것이 보살마하살이 선지식에게 갖가지 수레를 보시할
때에 선근으로 회향하는 것이니라. 중생들로 하여금 공
덕이 구족하여 부처님이나 보살과 더불어 평등하고 다

름이 없게 하려는 연고이니라."

보배로 장엄한 수레를 보시하는 내용을 밝히는데 먼저
보시할 수레의 종류를 밝히고, 다음 보시할 대상으로서 첫
째는 부처님께 보시하여 회향하고, 이번에는 보살과 선지식
에게 보시하여 회향함을 밝혔다.

〈5〉 스님에게 보시하다

불자   보살마하살   이중보거   보시승시
佛子야 菩薩摩訶薩이 以衆寶車로 布施僧時에

기학일체시심   지선료심   정공덕심   수순사
起學一切施心과 智善了心과 淨功德心과 隨順捨

심   승보난우심   심신승보심   섭지정교심
心과 僧寶難遇心과 深信僧寶心과 攝持正敎心하야

주승지락   득미증유   위대시회   출생무
住勝志樂하야 得未曾有하며 爲大施會하야 出生無

량광대공덕   심신불교   불가저괴   이제선
量廣大功德하며 深信佛敎하야 不可沮壞니 以諸善

근　　여 시 회 향
根으로 如是廻向호대

"불자들이여, 보살마하살이 여러 가지 보배 수레로 스님들에게 보시할 적에 일체 보시를 배우려는 마음과 지혜로 잘 알려는 마음과 깨끗한 공덕의 마음과 버리는 것을 따르려는 마음과 승보僧寶를 만나기 어렵다는 마음과 승보를 깊이 믿는 마음과 바른 교법을 거두어 가지려는 마음을 일으켜서, 훌륭한 생각에 머물러 미증유를 얻으며, 크게 보시하는 모임을 만들어 한량없이 광대한 공덕을 내고, 부처님의 가르침을 깊이 믿어 깨뜨릴 수 없느니라. 모든 선근으로 이렇게 회향하느니라."

여러 가지 보배 수레로 스님들에게 보시할 때 일으켜야 할 마음을 밝혔다. 세존이 열반하시고 나면 세존의 법을 이어 세존의 법을 널리 전파하는 일을 맡은 사람은 곧 스님들이다. 그러므로 세존이 없는 시대에는 세존을 대신하는 사람이 스님들이다. 그런 까닭에 스님들께 갖가지 수레를 보시할 때에 특별히 일으켜야 할 여러 가지 마음을 밝혔다. 어떤 불교 국가에서는 공승법회供僧法會라고 하여 스님에게 특별히 공양을 올리는 법회를 성대하게 열기도 한다. 대신에 스님들에게는 그 책임도 막중하다. 승중즉법중
僧重則法重이라고 하여 스님이 무겁게 행동하면 세상에서는 불법도 무겁게 존중한다. 아래는 모두 보시하여 회향하는 내용이다.

소 위 원 일 체 중 생   보 입 불 법   억 지 불 망
所謂願一切衆生이 普入佛法하야 憶持不忘하며

"이른바 '원컨대 일체 중생이 모두 부처님의 법에 널리 들어가 기억하고 잊지 말아지이다.' 라고 하느니라."

원 일 체 중 생   이 범 우 법   입 현 성 처
願一切衆生이 離凡愚法하고 入賢聖處하며

"'원컨대 일체 중생이 범부의 법을 떠나서 성현聖賢의 자리에 들어가지이다.' 라고 하느니라."

대방광불화엄경 강설

원 일 체 중 생　　속 입 성 위　　　능 이 불 법　　　차
願一切衆生이 速入聖位하야 能以佛法으로 次

제 개 유
第開誘하며

"'원컨대 일체 중생이 빨리 성인聖人의 지위에 들어
가 불법을 차례차례 알도록 인도하여지이다.' 라고 하
느니라."

　원 일 체 중 생　　거 세 종 중　　　언 필 신 용
願一切衆生이 擧世宗重하야 言必信用하며

"'원컨대 일체 중생을 온 세상이 소중히 여겨 말하는
대로 반드시 신용하여지이다.' 라고 하느니라."

　원 일 체 중 생　　선 입 일 체 제 법 평 등　　　요 지 법
願一切衆生이 善入一切諸法平等하야 了知法

계　　자 성 무 이
界의 自性無二하며

"'원컨대 일체 중생이 모든 법이 평등한 데 들어가 법계의 성품이 둘이 없음을 알아지이다.' 라고 하느니라."

願一切衆生이 從於如來智境而生하야 諸調順
人의 所共圍繞며

"'원컨대 일체 중생이 여래의 지혜의 경계로부터 나거든 모든 화순한 사람들이 함께 호위하여지이다.' 라고 하느니라."

願一切衆生이 住離染法하야 滅除一切煩惱塵
垢하며

"'원컨대 일체 중생이 물들지 않는 법에 머물러 일체 번뇌의 때를 없애게 하여지이다.' 라고 하느니라."

원 일 체 중 생　　　　개 득 성 취 무 상 승 보　　　　　이 범 부
願一切衆生이 **皆得成就無上僧寶**하야 **離凡夫**

지　　　　입 현 성 중
地하고 **入賢聖衆**하며

"'원컨대 일체 중생이 위없는 승보를 모두 성취하여 범부의 자리에서 떠나 성현의 무리에 들어가지이다.' 라고 하느니라."

원 일 체 중 생　　　　근 수 선 법　　　　득 무 애 지　　　　구 성
願一切衆生이 **勤修善法**하야 **得無礙智**하야 **具聖**

공 덕
功德하며

"'원컨대 일체 중생이 선한 법을 부지런히 닦아 걸림 없는 지혜를 얻고 성스러운 공덕을 갖추어지이다.' 라고 하느니라."

원 일 체 중 생　　　　득 지 혜 심　　　　불 착 삼 세　　　어 제
願一切衆生이 **得智慧心**하야 **不着三世**하야 **於諸**

중중   자 재 여 왕
衆中에 **自在如王**하며

"'원컨대 일체 중생이 지혜의 마음을 얻어 삼세三世에 집착하지 않고 모든 대중 가운데서 왕과 같이 자재하여 지이다.' 라고 하느니라."

원 일 체 중 생   승 지 혜 승   전 정 법 륜
願一切衆生이 **乘智慧乘**하야 **轉正法輪**하며

"'원컨대 일체 중생이 지혜의 수레를 타고 바른 법륜 法輪을 운전하여지이다.' 라고 하느니라."

원 일 체 중 생   구 족 신 통   일 념 능 왕 불 가 설
願一切衆生이 **具足神通**하야 **一念能往不可說**

불 가 설 세 계
不可說世界하며

"'원컨대 일체 중생이 신통을 갖추어 잠깐 동안에 말할 수 없이 말할 수 없는 세계에 가게 하여지이다.' 라

고 하느니라."

원 일 체 중 생　　승 허 공 신　　　어 제 세 간　　지 혜
願一切衆生이 乘虛空身하야 於諸世間에 智慧

무 애
無礙하며

　"'원컨대 일체 중생이 허공의 몸을 타고 모든 세간에서 지혜가 막힘이 없어지이다.' 라고 하느니라."

원 일 체 중 생　　보 입 일 체 허 공 법 계 제 불 중 회
願一切衆生이 普入一切虛空法界諸佛衆會하야

성 취 제 일 바 라 밀 행
成就第一波羅蜜行하며

　"'원컨대 일체 중생이 일체 허공과 법계에 들어가 모든 부처님들의 대중 가운데서 제일 바라밀다행을 이루어지이다.' 라고 하느니라."

원 일 체 중 생　　득 경 거 신　　수 승 지 혜　　　실 능
願一切衆生이 得輕擧身과 殊勝智慧하야 悉能

변 입 일 체 불 찰
徧入一切佛刹하며

"'원컨대 일체 중생이 가볍게 들리는 몸과 수승한 지
혜를 얻어 일체 부처님 세계에 널리 들어가지이다.'라
고 하느니라."

원 일 체 중 생　　획 무 변 제 선 교 신 족　　　어 일 체
願一切衆生이 獲無邊際善巧神足하야 於一切

찰　　보 현 기 신
刹에 普現其身하며

"'원컨대 일체 중생이 그지없이 공교한 신통을 얻어
일체 세계에 몸을 나타내지이다.'라고 하느니라."

원 일 체 중 생　　　득 어 일 체 무 소 의 신　　　이 신 통
願一切衆生이 得於一切無所依身하야 以神通

력　　여영보현
力으로 **如影普現**하며

"'원컨대 일체 중생이 모든 의지할 것 없는 몸을 얻고 신통한 힘으로 그림자처럼 두루 나타내지이다.'라고 하느니라."

원 일 체 중 생　　득 부 사 의 자 재 신 력　　수 응 가
願一切衆生이 **得不思議自在神力**하야 **隨應可**

화　　즉 현 기 전　　교 화 조 복
化하야 **卽現其前**하야 **敎化調伏**하며

"'원컨대 일체 중생이 부사의하게 자재한 신력을 얻고 교화할 만한 이의 앞에 나타나 교화하고 조복하여지이다.'라고 하느니라."

원 일 체 중 생　　득 입 법 계 무 애 방 편　　일 념 변
願一切衆生이 **得入法界無礙方便**하야 **一念徧**

유 시 방 국 토　　시 위 보 살 마 하 살　　시 승 보 거
遊十方國土니 **是爲菩薩摩訶薩**이 **施僧寶車**하는

선근회향   위령중생   보승청정무상지승
善根廻向이니 爲令衆生으로 普乘淸淨無上智乘하야

어일체세간   전무애법지혜륜고
於一切世間에 轉無礙法智慧輪故니라

"'원컨대 일체 중생이 법계에 들어가는 장애 없는 방
편을 얻어 잠깐 동안에 시방 국토를 두루 다녀지이다.'
라고 하느니라. 이것이 보살마하살이 승보에게 수레를
보시하면서 선근으로 회향하는 것이니라. 중생들로 하
여금 청정하고 위가 없는 지혜의 수레를 타고 일체 세
간에서 걸림 없는 법의 지혜 수레를 운전케 하려는 연
고이니라."

스님에게 수레를 보시하고 발원하여 회향하는 길고 긴
내용을 마쳤다. 원願은 서원과 원력과 소원과 발원이다. 불
교의 보시는 단순하게 보시만 하고 끝나는 것이 아니다. 반
드시 그 보시와 관련이 있는 불법으로 발원하여 회향하여야
한다. 단순한 보시만으로도 불법이며 선행이지만 발원하는
회향이 없으면 부족한 선행이 되기 때문이다.

〈6〉 성문과 독각에게 보시하다

불 자　보 살 마 하 살　이 중 보 거　보 시 성 문 독
佛子야 菩薩摩訶薩이 以衆寶車로 布施聲聞獨

각 지 시　기 여 시 심
覺之時에 起如是心하나니

"불자들이여, 보살마하살이 여러 가지 보배 수레를
성문聲聞과 독각獨覺에게 보시할 적에 이와 같은 마음을
일으키느니라."

소 위 복 전 심　존 경 심　공 덕 해 심　능 출 생
所謂福田心과 尊敬心과 功德海心과 能出生

공 덕 지 혜 심　종 여 래 공 덕 세 력 소 생 심　백 천 억
功德智慧心과 從如來功德勢力所生心과 百千億

나 유 타 겁 수 습 심　능 어 불 가 설 겁　수 보 살 행
那由他劫修習心과 能於不可說劫에 修菩薩行

심　해 탈 일 체 마 계 박 심　최 멸 일 체 마 군 중 심
心과 解脫一切魔繫縛心과 摧滅一切魔軍衆心과

혜 광 조 요 무 상 법 심
慧光照了無上法心이라

"이른바 복전이라는 마음과 존경하는 마음과 공덕 바다라는 마음과 공덕과 지혜를 능히 내는 마음과 여래의 공덕 세력으로 생기는 마음과 백천억 나유타 겁에 닦아 익히려는 마음과 말할 수 없는 겁劫에서 보살행을 닦으려는 마음과 온갖 마군의 속박에서 벗어나려는 마음과 모든 마군을 쳐부수려는 마음과 지혜의 빛으로 위없는 법을 비추려는 마음이니라."

보살마하살이 여러 가지 보배 수레로 성문과 독각에게 보시할 때에 일으키는 마음을 열거하였다. 복전이라는 마음과 존경하는 마음과 공덕 바다라는 마음 등으로 회향하는 서원을 발하는 것이다.

이 차 시 거 소 유 선 근   여 시 회 향   소 위 원
以此施車所有善根으로 如是廻向호대 所謂願

일 체 중 생   위 세 소 신 제 일 복 전   구 족 무 상 단
一切衆生이 爲世所信第一福田하야 具足無上檀

바 라 밀
波羅蜜하며

"이 수레를 보시한 선근으로 이와 같이 회향하느니라. 이른바 '원컨대 일체 중생이 세상에서 믿을 만한 제일 복전이 되어 위없는 보시바라밀다를 구족하여지이다.'라고 하느니라."

원 일 체 중 생　　이 무 익 어　　상 락 독 처　　심 무
願一切衆生이 離無益語하고 常樂獨處하야 心無

이 념
二念하며

"'원컨대 일체 중생이 이익 없는 말을 떠나서 혼자 있기를 좋아하며, 마음에 두 가지 생각이 없어지이다.' 라고 하느니라."

원 일 체 중 생　　성 최 제 일 청 정 복 전　　섭 제 중
願一切衆生이 成最第一淸淨福田하야 攝諸衆

생　　영 수 복 업
生하야 令修福業하며

"'원컨대 일체 중생이 가장 제일인 청정한 복전을

성취하고 모든 중생들을 포섭하여 복된 업業을 닦아지
이다.'라고 하느니라."

원 일 체 중 생   성 지 혜 연   능 여 중 생 무 량 무
願一切衆生이 **成智慧淵**하야 **能與衆生無量無**

수 선 근 과 보
數善根果報하며

"'원컨대 일체 중생이 지혜의 못을 이루어 중생들에게
무량무수한 선근의 과보를 주어지이다.'라고 하느니라."

원 일 체 중 생   주 무 애 행   만 족 청 정 제 일 복
願一切衆生이 **住無礙行**하야 **滿足淸淨第一福**

전
田하며

"'원컨대 일체 중생이 걸림 없는 행에 머물러서 청정
하고 제일인 복전을 만족케 하여지이다.'라고 하느니라."

원 일 체 중 생   주 무 쟁 법   요 일 체 법   개 무
願一切衆生이 住無諍法하야 了一切法이 皆無

소 작   무 성 위 성
所作하야 無性爲性하며

"'원컨대 일체 중생이 다툼이 없는 법에 머물러서 일체 법이 모두 지은 것이 없으며 성품이 없는 것으로 성품이 된 줄을 알아지이다.' 라고 하느니라."

원 일 체 중 생   상 득 친 근 최 상 복 전   구 족 수
願一切衆生이 常得親近最上福田하야 具足修

성 무 량 복 덕
成無量福德하며

"'원컨대 일체 중생이 항상 가장 높은 복전을 친근하여 한량없는 복덕을 구족하게 닦아지이다.' 라고 하느니라."

원 일 체 중 생   능 현 무 량 자 재 신 통   이 정 복
願一切衆生이 能現無量自在神通하야 以淨福

田으로 攝諸含識하며

"'원컨대 일체 중생이 한량없이 자재한 신통을 나타내어 청정한 복전으로 중생들을 거두어지이다.' 라고 하느니라."

願一切衆生이 具足無盡功德福田하야 能與衆
生如來十力第一乘果하며

"'원컨대 일체 중생이 다함없는 공덕의 복전을 구족하고 중생에게 여래의 십력十力과 제일승第一乘의 과보果報를 주게 하여지이다.' 라고 하느니라."

願一切衆生이 爲能辨果眞實福田하야 成一切
智無盡福聚하며

"'원컨대 일체 중생이 열매를 맺을 수 있는 진실한 복전이 되어 모든 지혜와 다함없는 복의 무더기를 이루어지이다.'라고 하느니라."

원 일체 중생　　득 멸 죄 법　　　실 능 수 지 소 미 증
願一切衆生이 **得滅罪法**하야 **悉能受持所未曾**

문 불 법 구 의
聞佛法句義하며

"'원컨대 일체 중생이 죄를 소멸하는 법을 얻어 일찍이 듣지 못하던 불법佛法의 구절과 뜻을 능히 받아 지니어지이다.'라고 하느니라."

원 일 체 중 생　　상 근 청 수 일 체 불 법　　　문 실 해
願一切衆生이 **常勤聽受一切佛法**하고 **聞悉解**

오　　무 공 과 자
悟하야 **無空過者**하며

"'원컨대 일체 중생이 항상 모든 부처님의 법을 부지런히 듣고는 깨달아 알고 헛되게 지내는 이가 없어지이

다.' 라고 하느니라."

원 일 체 중 생　　청 문 불 법　　통 달 구 경　　여
願一切衆生이 **聽聞佛法**하야 **通達究竟**하고 **如**

기 소 문　　수 순 연 설
其所聞하야 **隨順演說**하며

"'원컨대 일체 중생이 불법을 들으면 끝까지 통달하
고 들은 대로 수순하여 연설하게 하여지이다.' 라고 하
느니라."

원 일 체 중 생　　어 여 래 교　　신 해 수 행　　사 리
願一切衆生이 **於如來敎**에 **信解修行**하야 **捨離**

일 체 구 십 육 종 외 도 사 견
一切九十六種外道邪見하며

"'원컨대 일체 중생이 여래의 교법을 믿고 이해하여
수행하며, 모든 96종 외도의 삿된 소견을 여의어지이
다.' 라고 하느니라."

원 일 체 중 생　　상 견 현 성　　　증 장 일 체 최 승 선
願一切衆生이 常見賢聖하야 增長一切最勝善

근
根하며

　"'원컨대 일체 중생이 항상 성현을 친견하고 일체 가
장 수승한 선근을 증장하여지이다.' 라고 하느니라."

　　　원 일 체 중 생　　심 상 신 락 지 행 지 사　　　여 제 성
　　願一切衆生이 心常信樂智行之士하야 與諸聖

철　　동 지 공 환
哲로 同止共歡하며

　"'원컨대 일체 중생이 마음으로 항상 지혜 있고 수행
하는 사람을 믿고 좋아하여 모든 거룩하고 명철한 이들
과 함께 있으며 환회하여지이다.' 라고 하느니라."

　　　원 일 체 중 생　　청 문 불 명　　실 부 당 연　　　수 기
　　願一切衆生이 聽聞佛名에 悉不唐捐하고 隨其

소 문   함 득 목 견
所聞하야 **咸得目見**하며

"'원컨대 일체 중생이 부처님 명호를 듣고는 헛되지
아니하며 들은 대로 눈으로 보게 하여지이다.'라고 하
느니라."

원 일 체 중 생   선 분 별 지 제 불 정 교   실 능 수
願一切衆生이 **善分別知諸佛正敎**하야 **悉能守**

호 지 불 법 자
護持佛法者하며

"'원컨대 일체 중생이 모든 부처님들의 바른 교법을
잘 분별하여 알고, 불법佛法을 받아 지니는 이를 모두 수
호하여지이다.'라고 하느니라."

원 일 체 중 생   상 락 청 문 일 체 불 법   수 지 독
願一切衆生이 **常樂聽聞一切佛法**하야 **受持讀**

송   개 시 조 료
誦하고 **開示照了**하며

"‘원컨대 일체 중생이 일체 불법을 항상 듣기를 좋아하며 받아 지니고 읽고 외우고 열어 보이며 환하게 비추어지이다.’ 라고 하느니라."

원 일 체 중 생　　신 해 불 교 여 실 공 덕　　실 사 소
願一切衆生이 信解佛敎如實功德하야 悉捨所

유　　공 경 공 양
有하야 恭敬供養이니

"‘원컨대 일체 중생이 부처님 가르침의 진실한 공덕을 믿고 이해하며 가진 것을 모두 버려서 공경하고 공양하여지이다.’ 라고 하느니라."

보배 수레를 성문과 독각에게 보시하면서 회향하기를, 보살이 보시하고 회향하듯이 일체 중생도 부처님 가르침의 진실한 공덕을 믿고 이해하며 가진 것을 모두 버려서 공경하고 공양하기를 원하는 것은, 이와 같이 보시하는 아름다운 일이 영원히 세상에 지속되기를 간절히 바라는 뜻을 표현한 것이다.

시 위 보 살 마 하 살   시 성 문 독 각 종 종 거 시
是 爲 菩 薩 摩 訶 薩이 **施 聲 聞 獨 覺 種 種 車 時**에

선 근 회 향   위 령 중 생   개 득 성 취 청 정 제 일
善 根 廻 向이니 **爲 令 衆 生**으로 **皆 得 成 就 淸 淨 第 一**

지 혜 신 통   정 진 수 행   무 유 해 태   획 일 체
智 慧 神 通하야 **精 進 修 行**호대 **無 有 懈 怠**하야 **獲 一 切**

지   역 무 외 고
智와 **力 無 畏 故**니라

"이것이 보살마하살이 성문과 독각에게 갖가지 수레
를 보시하면서 선근으로 회향하는 것이니라. 중생들로
하여금 청정하고 제일인 지혜와 신통을 성취하고 부지
런히 수행하여 게으르지 아니하며, 일체 지혜와 힘과
두렵지 아니함을 얻게 하려는 연고이니라."

여러 가지 보배 수레로 성문과 독각에게 보시하여 원을
세워 회향하는 내용을 다 설하였다. 불교의 보시는 무엇을
보시하든 반드시 원을 세워 회향해야 한다. 물건만 달랑 보
시하고 뒤따르는 회향의 원이 없으면 그것은 세속적인 보시
가 될 뿐이다.

〈7〉 모든 복전福田에 보시하다

불자　보살마하살　이중보거　시제복전
佛子야 菩薩摩訶薩이 以衆寶車로 施諸福田과

내지빈궁고독자시　수기소구　일체실사
乃至貧窮孤獨者時에 隨其所求하야 一切悉捨호대

심생환희　무유염권
心生歡喜하야 無有厭倦하고

"불자들이여, 보살마하살이 보배 수레로 모든 복전과
내지 빈궁하고 고독한 이에게 보시할 적에, 그들이 구
하는 대로 모든 것을 다 주되 기쁜 마음으로 싫은 줄을
모르느니라."

잉향피인　자회책언　아응왕취　공양
仍向彼人하야 自悔責言호대 我應往就하야 供養

공급　불응로여　원래피돈　언이배궤
供給이요 不應勞汝의 遠來疲頓이라하며 言已拜跪

문신기거　범유소수　일체시여
하야 問訊起居하고 凡有所須를 一切施與하나니

"이에 그 사람을 대하여 스스로 뉘우치어 말하기를

'내가 응당 찾아가서 공양하고 이바지할 것인데, 당신이 이렇게 멀리까지 오셨나이까?'라고 하면서 절하고 꿇어앉아 문안하고 필요한 것을 모두 보시하느니라."

보시할 대상을 말하면서 부처님과 보살과 성문과 독각과 수행하는 스님들을 복전이라 표현하고, 빈궁하고 고독한 이들은 따로 들었다. 그들도 역시 복전임에는 다르지 않지만 따로 든 것은 까닭이 있는 것인가? 필자는 그들을 모두 함께 "모든 복전福田"이라고 제목으로 표현하였다.

빈궁하고 고독한 이들이란 가난하고 헐벗은 걸인들이다. 요즘으로 말하면 기초생활이 안 되는 절대빈곤층이다. 그러나 그들은 돌아다니면서까지 구걸하지 않는다. 그런데 사찰에는 지금도 구걸하러 찾아오는 사람들이 있다. 그들이 구걸하러 왔을 때 '내가 응당 찾아가서 공양하고 이바지할 것인데, 당신이 이렇게 멀리까지 오셨나이까?'라고 하면서 절하고 꿇어앉아 문안하고 필요한 것을 모두 보시하라는 가르침은 보살의 자비심을 표현한 만고의 명언이다. 만약 이와 같은 마음을 단 한 번만이라도 진심으로 낼 수 있다면 그는 진정 참다운 보살이리라.

혹 시 시 피 마 니 보 거   이 염 부 제 제 일 여 보
或時施彼摩尼寶車호대 **以閻浮提第一女寶**로

충 만 기 상   혹 부 시 여 금 장 엄 거   인 간 여 보
充滿其上하며 **或復施與金莊嚴車**호대 **人間女寶**로

충 만 기 상
充滿其上하며

"혹은 그때에 마니보배 수레를 보시하니 남섬부주에서 제일가는 여자가 그 위에 가득하며, 혹은 금으로 장엄한 수레를 보시하니 인간의 여자들이 위에 가득하니라."

보살이 위와 같이 마니보배 수레와 금으로 장엄한 수레와 묘한 유리 수레와 갖가지 기묘한 보배 수레 등으로 보시할 수 있는 것은 서두에 보살이 제왕이 되어 막음이 없는 무차대시회無遮大施會를 열어서 보시한다고 한 것을 따른다. 어찌 개인의 능력으로 할 수 있겠는가. 화엄경 제25권 제6 수

순견고일체선근회향隨順堅固一切善根廻向의 서두에 있는 명문은 이와 같다. "보살마하살이 혹은 제왕이 되어 큰 나라에 군림하면 위덕이 널리 펴지고 이름이 천하에 떨치리라. 모든 원수와 적들이 귀순하지 않는 이가 없고, 명령을 내릴 적에는 모두 바른 법에 의지하느니라."

한 나라의 제왕이 된다면 이와 같은 보시를 하지는 않더라도 정법으로 나라를 다스려 모든 백성이 정직하여 부정과 부패와 사기, 협잡이 없어서 억울한 일을 당하는 사람은 없도록 하고 싶다. 그리고 최소한 인과를 믿고 살도록 가르치고 싶다. 비록 저 설산을 황금으로 만든다 하더라도 한 사람의 욕심을 다 채울 수는 없지만 말이다.

혹 부 시 여 묘 유 리 거

或復施與妙瑠璃車호대

내 궁 기 녀

內宮妓女로

충 만 기 상

充滿其上

혹 시 종 종 기 묘 보 거

하며 或施種種奇妙寶車호대

동 녀 충 만

童女充滿하야

여 천 채

如天婇

녀

女하며

혹 시 무 수 보 장 엄 거

或施無數寶莊嚴車호대

보 녀 만 중

寶女滿中하야

유 명

柔明

변 혜
辯慧하며

"혹은 다시 묘한 유리 수레를 보시하니 궁내의 기녀들이 위에 가득하며, 혹은 갖가지 기묘한 보배 수레를 보시하니 동녀들이 가득한데 하늘의 채녀들 같으며, 혹은 무수한 보배로 장엄한 수레를 보시하니 귀한 여자들이 가득한데 유순하고 총명하고 말도 잘하고 슬기로웠느니라."

혹 시 소 승 묘 전 단 거   혹 부 시 여 파 려 보 거
或施所乘妙栴檀車하며 **或復施與玻瓈寶車**호대

실 재 보 녀   충 만 기 상   안 용 단 정   색 상 무 비
悉載寶女하야 **充滿其上**에 **顔容端正**하고 **色相無比**

현 복 장 엄   견 자 흔 열
하고 **袨服莊嚴**하야 **見者欣悅**하며

"혹 타고 있던 전단 수레를 보시하거나, 혹은 파려 수레를 보시하니, 모두 여자들을 가득 태웠는데 용모가 단정하고 몸매가 비길 데 없으며, 훌륭한 의복으로 단장하여 보는 이마다 기뻐하느니라."

혹부시여마노보거　　관정왕자　　신재기상
或復施與瑪瑙寶車호대 **灌頂王子**를 **身載其上**

혹시시여견고향거　　소유남녀　　실재기중
하며 **或時施與堅固香車**호대 **所有男女**를 **悉載其中**

혹시일체보장엄거　　재이난사친선권속
하며 **或施一切寶莊嚴車**호대 **載以難捨親善眷屬**이니라

"혹 다시 마노 수레를 보시하니 관정식灌頂式을 행한 왕자들이 타고 있으며, 혹 견고한 향 수레를 보시하니 모든 남녀들이 그 가운데 가득하며, 온갖 보배로 장엄한 수레를 보시하니 이별하기 어려운 권속들이 타고 있느니라."

불자　　보살마하살　　이여시등무량보거　　수
佛子야 **菩薩摩訶薩**이 **以如是等無量寶車**로 **隨**

기소구　　공경시여　　개령수원　　환희만족
其所求하야 **恭敬施與**하야 **皆令遂願**하야 **歡喜滿足**

이차선근　　여시회향
하고 **以此善根**으로 **如是廻向**호대

"불자들이여, 보살마하살이 이와 같이 한량없는 수레

를 그들이 구하는 대로 공경하며 보시하여 모두 다 소
원이 성취되고 환희하여 만족케 하는 것이니라. 이런 선
근으로 이와 같이 회향하느니라."

소 위 원 일 체 중 생　　　승 불 퇴 전 무 장 애 륜 광 대
所謂願一切衆生이 乘不退轉無障礙輪廣大

지 승　　　예 불 가 사 의 보 리 수 하
之乘하야 詣不可思議菩提樹下하며

"이른바 '원컨대 일체 중생이 퇴전하지 않고 장애가
없는 높고 큰 수레를 타고 불가사의한 보리수 아래로
나아가지이다.'라고 하느니라."

원 일 체 중 생　　　승 청 정 인 대 법 지 승　　　진 미 래
願一切衆生이 乘淸淨因大法智乘하야 盡未來

겁　　　수 보 살 행　　　영 불 퇴 전
劫토록 修菩薩行하야 永不退轉하며

"'원컨대 일체 중생이 청정한 인因으로 큰 법의 지혜
수레를 타고 미래의 겁이 다하도록 보살행을 닦으면서

길이 퇴전치 말아지이다.' 라고 하느니라."

  원 일 체 중 생   승 일 체 법 무 소 유 승   영 리 일
  願一切衆生이 乘一切法無所有乘하야 永離一

체 분 별 집 착   이 상 수 습 일 체 지 도
切分別執着하고 而常修習一切智道하며

"'원컨대 일체 중생이 일체 법이 있는 바가 없는 수
레를 타고 일체 분별과 집착을 영원히 여의고 일체 지
혜의 도道를 항상 닦아지이다.' 라고 하느니라."

  원 일 체 중 생   승 무 첨 광 정 직 지 승   왕 제 불
  願一切衆生이 乘無諂誑正直之乘하야 往諸佛

찰   자 재 무 애
刹에 自在無礙하며

"'원컨대 일체 중생이 아첨이 없고 정직한 수레를 타
고 모든 부처님 세계로 자재하게 다녀지이다.' 라고 하
느니라."

원일체중생　수순안주일체지승　　이제불
願一切衆生이 隨順安住一切智乘하야 以諸佛

법　　공상오락
法으로 共相娛樂하며

"'원컨대 일체 중생이 일체 지혜의 수레를 수순하여
편안히 머물면서 모든 부처님 법으로 함께 즐겨지이다.'
라고 하느니라."

원일체중생　개승보살청정행승　　구족보
願一切衆生이 皆乘菩薩淸淨行乘하야 具足菩

살십출리도　급삼매락
薩十出離道와 及三昧樂하며

"'원컨대 일체 중생이 보살의 청정하게 수행하는 수
레를 타고 보살의 열 가지 벗어나는 도道와 삼매의 낙樂
을 구족하여지이다.' 라고 하느니라."

원일체중생　승사륜승　소위주호국토의
願一切衆生이 乘四輪乘이니 所謂住好國土依

지 선 인　　집 승 복 덕　　발 대 서 원　　　이 차 성 만 일
止善人과 集勝福德과 發大誓願이라 以此成滿一

체 보 살　　청 정 범 행
切菩薩의 淸淨梵行하며

　"'원컨대 일체 중생이 네 바퀴의 수레를 타나니, 이른바 좋은 국토에 살고, 좋은 사람을 의지하고, 수승한 복덕을 모으고, 큰 서원을 발하는 것 등이니라. 이것으로 일체 보살의 청정한 범행梵行을 이루어지이다.'라고 하느니라."

　원 일 체 중 생　　득 보 조 시 방 법 광 명 승　　　수 학
　願一切衆生이 得普照十方法光明乘하야 修學

일 체 여 래 지 력
一切如來智力하며

　"'원컨대 일체 중생이 시방을 두루 비추는 법의 광명 수레를 타고 모든 여래의 지혜와 힘을 배워지이다.'라고 하느니라."

원일체중생　　　승불법승　　　도일체법구경피
願一切衆生이 乘佛法乘하야 到一切法究竟彼

안
岸하며

"'원컨대 일체 중생이 불법佛法의 수레를 타고 모든 법의 구경의 저 언덕에 이르러지이다.' 라고 하느니라."

원일체중생　　재중복선난사법승　　　보시시
願一切衆生이 載衆福善難思法乘하야 普示十

방안은정도
方安隱正道하며

"'원컨대 일체 중생이 모든 복과 선을 부사의한 법의 수레에 실어 시방에 편안하고 바른 도道를 널리 보여지이다.' 라고 하느니라."

원일체중생　　　승대시승　　　사간린구
願一切衆生이 乘大施乘하야 捨慳悋垢하며

"'원컨대 일체 중생이 크게 보시하는 수레를 타고 인색한 때를 버려지이다.'라고 하느니라."

원 일 체 중 생   승 정 계 승   지 등 법 계 무 변 정
願一切衆生이 **乘淨戒乘**하야 **持等法界無邊淨**
계
戒하며

"'원컨대 일체 중생이 청정한 계율의 수레를 타고 법계와 같은 그지없이 청정한 계율을 가져지이다.'라고 하느니라."

원 일 체 중 생   승 인 욕 승   상 어 중 생   이 진
願一切衆生이 **乘忍辱乘**하야 **常於衆生**에 **離瞋**
탁 심
濁心하며

"'원컨대 일체 중생이 인욕의 수레를 타고 항상 중생에 대하여 성내고 흐린 마음을 여의어지이다.'라고 하느니라."

원 일 체 중 생　　승 대 정 진 불 퇴 전 승　　　견 수 승
願一切衆生이 乘大精進不退轉乘하고 堅修勝

행　　　취 보 리 도
行하야 趣菩提道하며

　"'원컨대 일체 중생이 크게 정진하여 퇴전하지 않는 수레를 타고 수승한 행을 굳게 닦아서 보리菩提의 도道에 나아가지이다.' 라고 하느니라."

원 일 체 중 생　　승 선 정 승　　　속 지 도 량　　　증 보
願一切衆生이 乘禪定乘하고 速至道場하야 證菩

리 지
提智하며

　"'원컨대 일체 중생이 선정의 수레를 타고 빨리 도량에 이르러 보리의 지혜를 증득하여지이다.' 라고 하느니라."

원 일 체 중 생　　승 어 지 혜 교 방 편 승　　　화 신 충
願一切衆生이 乘於智慧巧方便乘하야 化身充

만 일 체 법 계 제 불 경 계
滿一切法界諸佛境界하며

"'원컨대 일체 중생이 지혜롭고 공교한 방편의 수레를 타고 화신化身이 온 법계의 부처님 경계에 충만하여지이다.' 라고 하느니라."

원 일 체 중 생   승 법 왕 승   성 취 무 외   항
願一切衆生이 **乘法王乘**하고 **成就無畏**하야 **恒**

보 혜 시 일 체 지 법
普惠施一切智法하며

"'원컨대 일체 중생이 법왕의 수레를 타고 두려움 없음을 이루어 일체 지혜의 법을 항상 보시하여지이다.' 라고 하느니라."

원 일 체 중 생   승 무 소 착 지 혜 지 승   실 능 변
願一切衆生이 **乘無所着智慧之乘**하야 **悉能徧**

입 일 체 시 방   어 진 법 성   이 무 소 동
入一切十方호대 **於眞法性**에 **而無所動**하며

"'원컨대 일체 중생이 집착함이 없는 지혜의 수레를 타고 온 시방에 두루 들어가되 진실한 법의 성품에 동요함이 없어지이다.'라고 하느니라."

원 일 체 중 생 승 어 일 체 제 불 법 승 시 현 수
願一切衆生이 乘於一切諸佛法乘하고 示現受

생 변 시 방 찰 이 불 실 괴 대 승 지 도
生하야 徧十方刹호대 而不失壞大乘之道하며

"'원컨대 일체 중생이 모든 부처님의 법의 수레를 타고 온 시방 세계에 일부러 태어나면서도 대승大乘의 도道를 잃어버리지 말아지이다.'라고 하느니라."

원 일 체 중 생 승 일 체 지 최 상 보 승 만 족 보
願一切衆生이 乘一切智最上寶乘하야 滿足普

현 보 살 행 원 이 무 염 권
賢菩薩行願호대 而無厭倦이니

"'원컨대 일체 중생이 일체 지혜의 가장 높은 보배 수레를 타고 보현보살의 행行과 원願을 만족하여 게으르

지 말아지이다.' 라고 하느니라."

시 위 보 살 마 하 살　이 중 보 거　시 제 복 전　내
是爲菩薩摩訶薩이 **以衆寶車**로 **施諸福田**과 **乃**

지 빈 궁 고 로 지 인　　선 근 회 향　　위 령 중 생
至貧窮孤露之人하는 **善根廻向**이니 **爲令衆生**으로

구 무 량 지　환 희 용 약　구 경 개 득 일 체 지 승
具無量智하야 **歡喜踊躍**하야 **究竟皆得一切智乘**

고
故니라

"이것이 보살마하살이 보배 수레를 모든 복전과 내지
빈궁하고 고독한 사람에게 보시하며 선근으로 회향하는
것이니라. 중생들로 하여금 한량없는 지혜를 갖추고 환
회하여 뛰놀며 구경에 일체 지혜의 수레를 다 얻게 하
려는 연고이니라."

모든 복전에 보배 수레를 보시하여 회향하는 내용의 서
두에 "보살마하살이 보배 수레로 모든 복전과 내지 빈궁하
고 고독한 이에게 보시할 적에, 그들이 구하는 대로 모든 것

을 다 주되 기쁜 마음으로 싫은 줄을 모르느니라."라고 하
였다. 실로 빈궁하고 고독한 사람에게 그토록 아름답고 화
려한 보배 수레가 무슨 필요가 있겠는가마는 무엇을 보시
하든 보시하고 나서 회향하는 원이 중요하다. 거듭 말하지
만 불교의 보시는 보시 그 자체만으로도 불교이지만 한 걸
음 더 나아가서 위와 같은 회향의 원이 진정한 불교이기 때
문이다.

17〉 코끼리와 말을 보시하다

불자   보살마하살   보시상보   기성조순
佛子야 菩薩摩訶薩이 布施象寶호대 其性調順

칠지구족   연치성장   육아청정   구색
하고 七支具足하며 年齒盛壯하고 六牙淸淨하며 口色

홍적   유여연화   형체선백   비여설산   금
紅赤이 猶如蓮華하고 形體鮮白이 譬如雪山하며 金

당위식   보망나부   종종묘보   장엄기비
幢爲飾하고 寶網羅覆하며 種種妙寶로 莊嚴其鼻하니

견자흔완   무유염족   초보만리   증불피
見者欣玩하야 無有厭足하고 超步萬里에 曾不疲

권
倦하며

"불자들이여, 보살마하살이 코끼리[象寶]를 보시하나니, 성품이 유순하고 일곱 가닥이 구족하고 나이가 한창이며, 여섯 이빨이 깨끗하고 입술이 붉은 것이 연꽃과 같고, 몸빛이 희어 마치 설산雪山과 같으며, 황금 깃대로 꾸미고 보배 그물을 덮었으며, 갖가지 묘한 보배로 코를 장식하여 보는 이가 즐거워 싫은 줄을 모르며, 만리萬里를 뛰어다녀도 일찍이 고달프지 아니하느니라."

십회향 중 제6 수순견고일체선근회향의 법문이 계속된다. 보살이 제왕이 되어 중생을 구제하고 싶은 마음을 한껏 나타낸 내용이다. 경문 서두에 "불자들이여, 무엇을 보살마하살의 견고한 일체 선근을 수순하는 회향이라 하는가. 불자들이여, 이 보살마하살이 혹은 제왕이 되어 큰 나라에 군림하면 위덕이 널리 퍼지고 이름이 천하에 떨치리라. 모든 원수와 적들이 귀순하지 않는 이가 없고, 명령을 내릴 적에는 모두 바른 법에 의지하느니라."라고 하였다. 그 자리에 있어야 그 일을 마음껏 할 수 있기 때문에 자비심 충만한 보살은 큰 나라의 제왕이 되어 마음껏 보시해 보고 싶을 것이다. 간혹 신심 있는 불자들 중에도 재산이 많으면 전국 사찰을 다니면서 마음껏 보시하여 사찰의 불사를 돕고 싶다는 말을 하는 이들이 있다. 아마 그와 같은 마음일 것이다.

코끼리[象寶]를 보시하는 내용이다. 코끼리를 상보象寶라고 하여 보물로 여겼다. 옛날 인도에는 큰 부자에게나 코끼리가 있었을 것이다. 재산의 큰 자리를 차지하므로 '코끼리 보물'이라 한 것이리라.

혹 부 시 여 조 량 마 보　　제 상 구 족　　유 여 천 마
或復施與調良馬寶호대 諸相具足이 猶如天馬

묘 보 월 륜　　이 위 광 식　　진 금 영 망　　나
하야 妙寶月輪으로 以爲光飾하고 眞金鈴網으로 羅

부 기 상　　행 보 평 정　　승 자 안 은　　수 의 소
覆其上이어든 行步平正하야 乘者安隱하며 隨意所

왕　신 질 여 풍　　유 력 사 주　　자 재 무 애
往에 迅疾如風하며 遊歷四洲에 自在無礙하니

"혹은 길 잘든 말[馬寶]을 보시하나니, 여러 모습이 구

족하여 마치 하늘의 말과 같으며, 아름다운 보배로 만든 둥근 바퀴로 빛나게 장식하고, 순금방울 그물을 위에 덮었으며, 행보가 평정하여 탄 이가 편안하고, 마음대로 가는데 바람같이 빠르며, 사주四洲로 다니되 자재하여 장애되지 아니하였느니라.”

다음은 말[馬寶]인데 역시 '말 보물'이라 하였다. 말도 보통 평민이 가질 수 없는 것이었으리라. 물건을 운반하고 사람을 멀리까지 편안하게 이동하게 하는 데 당시로서는 코끼리와 말보다 용이한 것은 없었기 때문에 집안의 보물에 속했을 것이다.

보살 이 차 상 보 마 보 혹 봉 양 부 모 급 선 지
菩薩이 以此象寶馬寶로 或奉養父母와 及善知

식 혹 급 시 빈 핍 고 뇌 중 생 기 심 광 연 불
識하며 或給施貧乏苦惱衆生호대 其心曠然하야 不

생 회 린 단 배 증 흔 경 익 가 비 민 수 보 살
生悔悋하고 但倍增欣慶하며 益加悲愍하야 修菩薩

덕　　정보살심　　이차선근　　여시회향
德하며 淨菩薩心하야 以此善根으로 如是廻向하나니

　"보살이 이와 같은 코끼리와 말[馬]로써 부모와 선지식에게 봉양도 하고, 가난하고 고생하는 중생에게 보시도 하는데, 마음이 너그러워 아끼는 생각이 없고 더욱 기뻐하고 더욱 어여삐 여기면서 보살의 덕을 닦고 보살의 마음을 청정하게 하느니라. 이런 선근으로 이와 같이 회향하느니라."

　코끼리와 말을 한꺼번에 같이 보물로 여겨서 부모와 선지식에게 보시하고, 또 가난하고 고생하는 중생에게 보시하여 회향하는 내용을 밝혔다. 코끼리와 말을 보시할 때에 "마음이 너그러워 아끼는 생각이 없고, 더욱 기뻐하고 더욱 어여삐 여기면서 보살의 덕을 닦고 보살의 마음을 청정하게 한다."라고 하였다. 아래는 모두 코끼리와 말을 보시하여 회향하는 발원을 열거하였다.

소위 원 일 체 중 생　주 조 순 승　　증 장 일 체 보
所謂願一切衆生이 **住調順乘**하야 **增長一切菩**

살 공 덕
薩功德하며

"이른바 '원컨대 일체 중생이 유순하고 뜻에 맞는 법
에 머물러 일체 보살의 공덕을 증장하여지이다.'라고
하느니라."

원 일 체 중 생　　득 선 교 승　　능 수 출 생 일 체 불
願一切衆生이 **得善巧乘**하야 **能隨出生一切佛**

법
法하며

"'원컨대 일체 중생이 공교한 것을 얻고 일체 불법을
따라서 내어지이다.'라고 하느니라."

원 일 체 중 생　　득 신 해 승　　보 조 여 래 무 애 지
願一切衆生이 **得信解乘**하야 **普照如來無礙智**

력
力하며

　"'원컨대 일체 중생이 믿고 이해하는 법을 얻고 여래의 걸림 없는 지혜와 힘을 널리 비추어지이다.'라고 하느니라."

　　원 일 체 중 생　　득 발 취 승　　능 보 발 흥 일 체 대
　願一切衆生이 **得發趣乘**하야 **能普發興一切大**
원
願하며

　"'원컨대 일체 중생이 더 나아가는 법을 얻고 일체 큰 소원을 널리 내어지이다.'라고 하느니라."

　　원 일 체 중 생　　구 족 평 등 바 라 밀 승　　성 만 일
　願一切衆生이 **具足平等波羅蜜乘**하야 **成滿一**
체 평 등 선 근
切平等善根하며

"'원컨대 일체 중생이 평등한 바라밀다법을 구족하고 모두 평등한 선근을 이루어지이다.' 라고 하느니라."

원 일 체 중 생　　성 취 보 승　　생 제 불 법 무 상 지
願一切衆生이 **成就寶乘**하야 **生諸佛法無上智**

보
寶하며

"'원컨대 일체 중생이 보배 수레를 성취하고 부처님 법의 위없는 지혜를 내어지이다.' 라고 하느니라."

원 일 체 중 생　　성 취 보 살 행 장 엄 승　　개 부 보
願一切衆生이 **成就菩薩行莊嚴乘**하야 **開敷菩**

살 제 삼 매 화
薩諸三昧華하며

"'원컨대 일체 중생이 보살행으로 장엄한 법을 성취하여 보살의 모든 삼매三昧의 꽃을 피워지이다.' 라고 하느니라."

원 일 체 중 생　　득 무 변 속 질 승　　어 무 수 겁
願一切衆生이 **得無邊速疾乘**하야 **於無數劫**에

정 보 살 심　　정 근 사 유　　요 달 제 법
淨菩薩心하야 **精勤思惟**하야 **了達諸法**하며

"'원컨대 일체 중생이 그지없이 빠른 법을 얻고 무수
한 겁에 보살의 마음을 깨끗이 하여 부지런히 생각하여
모든 법을 분명히 통달하여지이다.' 라고 하느니라."

원 일 체 중 생　　성 취 최 승 조 순 대 승　　이 선 방
願一切衆生이 **成就最勝調順大乘**하야 **以善方**

편　　구 보 살 지
便으로 **具菩薩地**하며

"'원컨대 일체 중생이 가장 수승하고 조순한 대승大乘
을 성취하여 선한 방편으로 보살의 지위를 갖추어지이
다.' 라고 하느니라."

원 일 체 중 생　　승 최 고 광 견 고 대 승　　보 능 운
願一切衆生이 **乘最高廣堅固大乘**하고 **普能運**

재 일 체 중 생　　개 득 지 어 일 체 지 위
載一切衆生하야 **皆得至於一切智位**니라

"'원컨대 일체 중생이 가장 높고 넓고 견고하고 큰
수레를 타고 일체 중생을 두루 실어 운반하여 일체 지
혜의 자리에 이르게 하여지이다.' 라고 하느니라."

시 위 보 살 마 하 살　　시 상 마 시　　선 근 회 향
是爲菩薩摩訶薩이 **施象馬時**에 **善根廻向**이니

위 령 중 생　　개 득 승 어 무 애 지 승　　원 만 구 경
爲令衆生으로 **皆得乘於無礙智乘**하고 **圓滿究竟**하야

지 불 승 고
至佛乘故니라

"이것이 보살마하살이 코끼리나 말을 보시할 적에 선
근으로 회향하는 것이니라. 중생들로 하여금 모두 걸림
없는 지혜의 법에 올라 끝까지 원만하여 부처님의 법에
이르게 하려는 연고이니라."

코끼리와 말이 사람과 물건을 멀리까지 실어 나르는 역

할을 하듯이 코끼리와 말을 보시하여 회향하는 원으로 '원컨대 일체 중생이 가장 높고 넓고 견고하고 큰 수레를 타고 일체 중생을 두루 실어 운반하여 일체 지혜의 자리에 이르게 하여지이다.'라고 하였다. 자세히 살펴보면 수많은 회향의 원들을 보시하는 내용과 연관이 있게 설하였다.

18〉 사자좌를 보시하다

佛子야 菩薩摩訶薩이 布施座時에 或施所處獅
子之座호대 其座高廣하야 殊特妙好하며 瑠璃爲足
하고 金樓所成이며 柔軟衣服으로 以敷其上하며 建以
寶幢하고 熏諸妙香하며 無量雜寶莊嚴之具로 以
爲莊校하고

"불자들이여, 보살마하살이 평상을 보시할 적에 혹은

거처하던 사자좌를 보시하나니, 그 사자좌는 높고 넓고 특별히 좋아서 다리는 유리로 되었고, 누각은 금으로 이루었으며, 부드러운 옷으로 위에 깔았고, 보배 깃대를 세우고 묘한 향기를 쏘이며, 한량없는 여러 가지 보배장엄거리로 꾸몄느니라."

금망부상   보탁풍요   출묘음성   기 진
金網覆上하며 **寶鐸風搖**에 **出妙音聲**하고 **奇珍**

만 계   주잡전식   일체신민   소공첨앙   관
萬計로 **周帀塡飾**하니 **一切臣民**의 **所共瞻仰**이라 **灌**

정 대 왕   독 거 기 상   선포법화   만방준봉
頂大王이 **獨居其上**하야 **宣布法化**에 **萬邦遵奉**하며

"또 금 그물을 위에 덮었으며, 보배 풍경이 바람에 흔들려 미묘한 소리를 내며, 진귀한 보배가 가지각색으로 주위를 장식하였으니, 모든 사람들이 함께 우러르며, 관정식灌頂式을 마친 대왕이 그 위에 앉아서 법으로 교화를 선포하매 만방에서 따르고 받드느니라."

보살이 앉는 자리를 보시하여 회향하는데 자신이 거처하

던 사자좌를 보시하는 것으로 이야기가 전개된다. 그 사자좌는 높고 넓고 특별히 좋아서 다리는 유리로 되었고 누각은 금으로 이루어졌다는 등 아름답고 화려한 모습을 그렸다. 그리고 그 사자좌 위에 관정을 받은 대왕이 앉아서 법으로 교화를 펼치는 내용으로 이어진다.

其王이 復以妙寶嚴身하니 所謂普光明寶와 帝
기왕   부이묘보엄신   소위보광명보   제

靑寶와 大帝靑寶와 勝藏摩尼寶가 明淨如日하고 淸
청보   대제청보   승장마니보   명정여일   청

凉猶月하야 周帀繁布호미 譬如衆星하야 上妙莊嚴이
량유월   주잡번포   비여중성   상묘장엄

第一無比하며
제일무비

"그 왕이 기묘한 보배로 몸을 장엄하였으니, 이른바 보광명普光明 보배와 제청帝靑 보배와 큰 제청 보배와 승장勝藏마니 보배로, 밝기는 해와 같고 서늘하기는 달과 같은 것이 마치 은하수와 같이 두루 널렸으며, 훌륭한 장엄이 제일이어서 비길 데 없었느니라."

다시 또 사자좌에 앉은 대왕의 몸이 온갖 보배로 장엄되었음을 들었다. 몸은 여러 가지 보배로 장엄하고 머리에는 관을 쓰고 관정의 지위를 누리는 이야기로 발전하여 끝에 가서는 전륜왕으로 표현된다.

해 수 묘 보   해 견 고 당 보   기 문 이 표   종 종 장
海殊妙寶와 海堅固幢寶의 奇文異表로 種種莊

엄   어 대 중 중   최 존 최 승   염 부 단 금 이 구
嚴하야 於大衆中에 最尊最勝하며 閻浮檀金離垢

보 증   이 관 기 수   향 관 정 위   왕 염 부 제
寶繒으로 以冠其首하고 享灌頂位하야 王閻浮提에

구 족 무 량 대 위 덕 력   이 자 위 주   복 제 원 적
具足無量大威德力호대 以慈爲主하야 伏諸怨敵하니

교 령 소 행   미 불 승 순
教令所行에 靡不承順이어든

"바다의 기묘한 보배와 견고당堅固幢 보배들이 신기한 무늬와 이상한 표현으로 갖가지 장엄하였으며, 대중 가운데 가장 존중하고 가장 수승하며, 염부단금과 때 없는 비단을 머리에 얹었고, 관정한 지위를 누리며 염부

제의 왕이 되어, 한량없이 큰 위덕을 갖추고 자비가 으뜸이 되어 모든 원수와 적을 항복받으니 교화하는 명령이 이르는 바에 순종하지 않는 이가 없었느니라."

염부단금과 때 없는 비단을 머리에 얹었고, 관정한 지위를 누리며 염부제의 왕이 되어, 한량없이 큰 위덕을 갖추고 자비가 으뜸이 됨을 설하였다.

時에 轉輪王이 以如是等百千萬億無量無數

寶莊嚴座로 施於如來第一福田과 及諸菩薩眞

善知識과 賢聖僧寶說法之師와 父母宗親과 聲聞

獨覺과 及以發趣菩薩乘者와 或如來塔과 乃至一

切貧窮孤露호대 隨其所須하야 悉皆施與하고 以此

善根으로 如是廻向하나니
선 근   여 시 회 향

"이때 전륜왕이 이와 같은 무량무수한 백천만억의 보배로 장엄한 사자좌로써 여래인 제일 복전과 모든 보살과 참다운 선지식과 어질고 성스러운 스님들과 설법說法하는 스승과 부모와 친척과 성문聲聞과 독각獨覺과 보살승菩薩乘에 나아가는 이와 혹 여래의 탑이나 빈궁하고 고독한 이들에게까지 보시하여 요구하는 대로 모두 다 베풀어 주었느니라. 이 선근으로 이와 같이 회향하느니라."

이와 같이 보살은 곧 전륜왕으로 표현되고 그 전륜왕이 무량무수한 백천만억의 보배로 장엄한 사자좌로써 보시를 하게 되는데 그 보시할 대상들을 밝혔다. 여래와 보살과 참선지식과 어질고 성스러운 스님과 법사들과 스승과 부모와 친척과 성문과 독각과 보살승菩薩乘에 나아가는 이와 혹 여래의 탑이나 빈궁하고 고독한 이들이 모두 그 대상이다. 아래는 사자좌로써 그와 같은 이들에게 보시하면서 원을 세워 회향하는 내용을 밝혔다.

소위원일체중생　　좌보리좌　　실능각오제
所謂願一切衆生이 坐菩提座하야 悉能覺悟諸

불 정법
佛正法하며

"이른바 '원컨대 일체 중생이 보리좌菩提座에 앉아서 모
든 부처님의 바른 법을 깨달아지이다.'라고 하느니라."

원일체중생　　처자재좌　　득법자재　　　제
願一切衆生이 處自在座하야 得法自在하야 諸

금강산　소불능괴　　능실최복일체마군
金剛山의 所不能壞라 能悉摧伏一切魔軍하며

"'원컨대 일체 중생이 자재한 자리에 앉아 법의 자재
함을 얻어서 모든 금강산으로도 깨뜨릴 수 없는 바라
일체 마군을 꺾어 항복하여지이다.'라고 하느니라."

원일체중생　　득불자재사자지좌　　　일체중
願一切衆生이 得佛自在獅子之座하야 一切衆

생 지 소 첨 앙
生之所瞻仰이며

　"'원컨대 일체 중생이 부처님의 자재한 사자좌를 얻
어 일체 중생의 우러름을 받아지이다.' 라고 하느니라."

원 일 체 중 생　　득 불 가 설 불 가 설 종 종 수 묘 보
願一切衆生이 得不可說不可說種種殊妙寶

장 엄 좌　　어 법 자 재　　화 도 중 생
莊嚴座하야 於法自在하야 化導衆生하며

　"'원컨대 일체 중생이 말할 수 없이 말할 수 없는 가
지가지 훌륭한 보배로 장엄한 자리를 얻어서 법에 자재
하여 중생을 교화하여지이다.' 라고 하느니라."

원 일 체 중 생　　득 삼 종 세 간 최 수 승 좌　　광 대
願一切衆生이 得三種世間最殊勝座하야 廣大

선 근 지 소 엄 식
善根之所嚴飾이며

　"'원컨대 일체 중생이 세 가지 세간의 가장 훌륭한

사자좌를 얻고 광대한 선근으로 장엄함이 되어지이다.'
라고 하느니라."

원 일 체 중 생　　득 주 변 불 가 설 불 가 설 세 계 좌
願一切衆生이 **得周徧不可說不可說世界座**

아 승 지 겁　　탄 지 무 진
하야 **阿僧祇劫**에 **歎之無盡**이며

"'원컨대 일체 중생이 말할 수 없이 말할 수 없는 세
계에 두루 가득한 사자좌를 얻어 아승지 겁劫이 다하도
록 찬탄함이 되어지이다.' 라고 하느니라."

원 일 체 중 생　　득 대 심 밀 복 덕 지 좌　　기 신
願一切衆生이 **得大深密福德之座**하야 **其身**이

충 만 일 체 법 계
充滿一切法界하며

"'원컨대 일체 중생이 크고 깊고 비밀한 복덕의 자리
를 얻어 그 몸이 일체 법계에 충만하여지이다.' 라고 하
느니라."

원일체중생 득부사의종종보좌 수기본
願一切衆生이 得不思議種種寶座하야 隨其本

원 소념중생 광개법시
願의 所念衆生하야 廣開法施하며

"'원컨대 일체 중생이 부사의한 갖가지 보배 자리를
얻어 본래의 원願을 따라서 생각하는 중생에게 법보시法
布施를 널리 베풀어지이다.' 라고 하느니라."

원일체중생 득선묘좌 현불가설제불신
願一切衆生이 得善妙座하야 現不可說諸佛神

통
通하며

"'원컨대 일체 중생이 미묘한 자리를 얻어 말할 수
없는 모든 부처님의 신통을 나타내어지이다.' 라고 하느
니라."

원일체중생 득일체보좌 일체향좌 일체
願一切衆生이 得一切寶座와 一切香座와 一切

화 좌　　　일 체 의 좌　　　일 체 만 좌　　　일 체 마 니 좌　　　일

華座와　**一切衣座**와　**一切鬘座**와　**一切摩尼座**와　**一**

체 유 리 등 부 사 의 종 종 보 좌　　　무 량 불 가 설 세 계

切瑠璃等不思議種種寶座와　**無量不可說世界**

좌　　　일 체 세 간 장 엄 청 정 좌　　　일 체 금 강 좌　　　시

座와　**一切世間莊嚴淸淨座**와　**一切金剛座**하야　**示**

현 여 래 위 덕 자 재　　　　성 최 정 각

現如來威德自在하야　**成最正覺**이니라

　"'원컨대 일체 중생이 온갖 보배 자리와 온갖 향香 자

리와 온갖 꽃 자리와 온갖 옷 자리와 온갖 화만華鬘 자리

와 온갖 마니 자리와 온갖 유리瑠璃 자리 등 부사의한 여

러 가지 보배 자리와 한량없고 말할 수 없는 세계 자리

와 일체 세간을 장엄한 청정한 자리와 일체 금강金剛 자

리를 얻어 여래의 자재한 위덕을 나타내어 최정각最正覺

을 이루어지이다.'라고 하느니라."

　낱낱이 보리의 자리와 자재의 자리와 사자의 자리 등을

열거하고, 여기서는 한꺼번에 온갖 보배 자리와 온갖 향香

자리와 온갖 꽃 자리와 온갖 옷 자리와 온갖 화만華鬘 자리

등 열 가지 자리를 열거하여 마쳤다. 그러고는 여래의 자재
한 위덕을 나타내어 최정각最正覺을 이루기를 원하여 회향하
였다.

시위보살마하살　시보좌시　선근회향
是爲菩薩摩訶薩이 **施寶座時**에 **善根廻向**이니

위령중생　　획이세간대보리좌　　자연각오
爲令衆生으로 **獲離世間大菩提座**하야 **自然覺悟**

일체불법고
一切佛法故니라

"이것이 보살마하살이 보배 자리를 보시할 때에 선근
으로 회향하는 것이니라. 중생들로 하여금 세간을 여의
는 큰 보리좌菩提座를 얻어서 자연히 일체 불법을 깨닫게
하려는 연고이니라."

보배 자리를 보시하여 회향하는 까닭을 밝혔다. 중생들
로 하여금 세간을 여의는 큰 보리좌를 얻어서 자연히 일체
불법을 깨닫게 하려는 것이 그 까닭이다. 보리좌란 세존이

6년 고행 끝에 마지막으로 앉아서 7일간 정진하고 정각正覺을 이루신 바로 그 자리를 말한다.

19) 보배 일산日傘을 보시하다

불 자   보 살 마 하 살   시 제 보 개   차 개 수 특
佛子야 菩薩摩訶薩이 施諸寶蓋하나니 此蓋殊特

        존 귀 소 용   종 종 대 보   이 위 장 엄   백 천
하야 尊貴所用이며 種種大寶로 而爲莊嚴하야 百千

억 나 유 타 상 묘 개 중   최 위 제 일
億那由他上妙蓋中에 最爲第一이라

"불자들이여, 보살마하살이 모든 보배 일산日傘을 보시하느니라. 이 일산은 특별하여 존귀한 이가 사용하는 것이며, 갖가지 큰 보배로 장엄하였으니, 백천억 나유타 묘한 일산 중에 가장 제일이니라."

불교의 경전에는 일산이 자주 등장한다. 인도는 태양볕이 뜨거워서 볕을 가리는 일산이 반드시 필요하였으리라. 그러나 일반 서민이 사용할 수 있는 것은 아니다. 경문에도 "이

일산은 특별하여 존귀한 이가 사용하는 것이며, 갖가지 큰 보배로 장엄하였다."라고 하였다. 일산을 보시하면서 일산의 장엄에 대하여 설명하였다.

중보위간   묘망부상   보승금령   주잡
衆寶爲竿하고 妙網覆上하며 寶繩金鈴이 周帀

수하   마니영락   차제현포   미풍취동   묘
垂下하고 摩尼瓔珞이 次第懸布하야 微風吹動에 妙

음극해   주옥보장   종종충만   무량기진
音克諧하며 珠玉寶藏이 種種充滿하고 無量奇珍으로

실이엄식   전단침수   묘향보훈   염부단
悉以嚴飾하며 栴檀沈水가 妙香普熏하고 閻浮檀

금   광명청정
金이 光明淸淨하나니라

"여러 가지 보배로 장대가 되고 아름다운 그물이 그 위에 덮이고, 보배 노끈과 금방울이 두루 드리웠으며, 마니로 된 영락이 차례차례 드리워서 실바람만 불어도 아름다운 소리가 평화롭게 들리며, 주옥과 보물이 갖가지로 충만하였고, 한량없는 진기한 보배로 장엄하였으

며, 전단향과 침수향으로 두루 풍기며 염부단금의 광명
이 청정하였느니라."

　　보시할 일산을 그지없이 아름답게 장엄한 내용을 밝혔
다. 태국과 같은 더운 나라의 스님들에게는 행각_{行脚}할 때 필
수품으로 지녀야 하는 물건이다. 비가 오면 우산으로도 사
용하고 볕이 뜨거우면 양산으로 사용한다.

　　　　여 시 무 량 백 천 억 나 유 타 아 승 지 중 묘 보 물
　　　　如是無量百千億那由他阿僧祇衆妙寶物로

　구 족 장 엄　　　이 청 정 심　　　봉 시 어 불　　급 불 멸
　具足莊嚴하야　**以淸淨心**으로　**奉施於佛**과　**及佛滅**

　후 소 유 탑 묘
　後所有塔廟하며

　　"이와 같이 한량없는 백천억 나유타 아승지 여러 가
지 보물로 구족하게 장엄한 것을 청정한 마음으로 부처
님께 받들어 보시하고, 부처님께서 열반하신 후에는 탑
묘에 보시하느니라."

보배 일산을 보시할 대상들을 밝혔다. 먼저 부처님에게 보시하고 다음은 부처님의 탑묘에 보시한다.

혹위법고　시제보살　급선지식　명문법
或爲法故로 施諸菩薩과 及善知識과 名聞法

사　혹시부모　혹시승보　혹부봉시일체
師하며 或施父母하며 或施僧寶하며 或復奉施一切

불법　혹시종종중생복전　혹시사승　급
佛法하며 或施種種衆生福田하며 或施師僧과 及

제존숙　혹시초발보리지심　내지일체빈궁
諸尊宿하며 或施初發菩提之心과 乃至一切貧窮

고로　수유구자　실개시여　이차선근
孤露호대 隨有求者하야 悉皆施與하고 以此善根으로

여시회향
如是廻向하나니

"혹은 법을 위하는 까닭에 모든 보살과 선지식과 소문난 법사에게 보시하며, 혹은 부모에게 보시하며, 혹은 스님들에게 보시하며, 혹은 모든 불법佛法에 받들어 보시하며, 혹은 갖가지 중생 복전에 보시하며, 혹은 스승이나 모든 큰스님께 보시하며, 혹 처음으로 보리심을 발한 사람이나 내지 빈궁하고 고독한 이에게 보시하느니라. 구함이 있는 이를 따라 모두 다 베풀어 주고 이 선근으로 이와 같이 회향하느니라."

보배 일산을 보시할 대상들을 널리 밝혔다. 보살과 선지식과 법사와 부모 등으로부터 빈궁하고 고독한 이들과 모든 구함이 있는 사람들에게 빠짐없이 보시하여 이 선근으로 원을 세워 회향한다.

　소위 원 일 체 중 생　　근 수 선 근　　이 부 기 신
　所謂願一切衆生이　勤修善根하야　以覆其身하야
상 위 제 불 지 소 비 음
常爲諸佛之所庇蔭하며

"이른바 '원컨대 일체 중생이 선근을 부지런히 닦아 그 몸을 덮어서 항상 모든 부처님들의 음덕陰德을 받아지이다.'라고 하느니라."

원 일 체 중 생　　공 덕 지 혜　　이 위 기 개　　　영 리
願一切衆生이 **功德智慧**로 **以爲其蓋**하야 **永離**

세 간 일 체 번 뇌
世間一切煩惱하며

　　"'원컨대 일체 중생이 공덕과 지혜로 일산이 되어 세
간의 모든 티끌과 번뇌를 여의어지이다.' 라고 하느니라."

　　원 일 체 중 생　　부 이 선 법　　　제 멸 세 간 진 구 열
　　願一切衆生이 **覆以善法**하야 **除滅世間塵垢熱**

뇌
惱하며

　　"'원컨대 일체 중생이 선善한 법에 덮이어서 세간의
티끌과 번뇌를 없애게 하여지이다.' 라고 하느니라."

　　원 일 체 중 생　　득 지 혜 장　　영 중 락 견　　　심
　　願一切衆生이 **得智慧藏**하야 **令衆樂見**하야 **心**

무 염 족
無厭足하며

"'원컨대 일체 중생이 지혜의 장藏을 얻어 중생들이 기쁘게 보고 싫은 생각이 없게 하여지이다.'라고 하느니라."

　　　원 일 체 중 생　　　이 적 정 백 법　　　이 자 부 음
　　　願一切衆生이 **以寂靜白法**으로 **而自覆蔭**하야
개 득 구 경 불 괴 불 법
皆得究竟不壞佛法하며

"'원컨대 일체 중생이 고요하고 선한 법에 스스로 덮이어서 끝까지 부서지지 않는 불법佛法을 얻어지이다.' 라고 하느니라."

　　　원 일 체 중 생　　　선 부 기 신　　　구 경 여 래 청 정 법
　　　願一切衆生이 **善覆其身**하야 **究竟如來清淨法**
신
身하며

"'원컨대 일체 중생이 그 몸을 잘 가려서 구경에는 여래의 청정한 법신法身을 얻어지이다.' 라고 하느니라."

원 일 체 중 생　작 주 변 개　　십 력 지 혜　변 부
願一切衆生이 作周徧蓋하야 十力智慧로 徧覆

세 간
世間하며

"'원컨대 일체 중생이 두루 덮는 일산日傘이 되어 십
력과 지혜가 세간을 두루 덮어지이다.' 라고 하느니라."

원 일 체 중 생　득 묘 지 혜　　출 과 삼 세　　무
願一切衆生이 得妙智慧하야 出過三世하야 無

소 염 착
所染着하며

"'원컨대 일체 중생이 묘한 지혜를 얻어 삼세에 뛰어
나서 물들지 말아지이다.' 라고 하느니라."

원 일 체 중 생　득 응 공 개　　성 승 복 전　　수
願一切衆生이 得應供蓋하야 成勝福田하야 受

일 체 공
一切供하며

"'원컨대 일체 중생이 공양 받을 만한 일산을 얻어 수승한 복전을 이루어 모든 이의 공양을 받아지이다.' 라고 하느니라."

원 일 체 중 생　득 최 상 개　획 무 상 지　자
願一切衆生이 得最上蓋하야 獲無上智하야 自
연 각 오
然覺悟니라

"'원컨대 일체 중생이 가장 좋은 일산을 얻고 위없는 지혜를 얻어 자연히 깨달아지이다.' 라고 하느니라."

시 위 보 살 마 하 살　보 시 개 시　선 근 회 향
是爲菩薩摩訶薩이 布施蓋時에 善根廻向이니

"이것이 보살마하살이 일산을 보시할 때에 선근으로 회향하는 것이니라."

십회향 중 제6 수순견고일체선근회향의 60종의 보시 가운데 19번째 일산을 보시하여 그 선근으로 회향하는 것을 마쳤다. 불교적인 보시는 언제나 보시한 뒤에 원을 세워 회향하는 것임을 잊지 말아야 한다. 또한 무엇을 보시할 것인가를 살펴야 한다. 보시 중에는 법을 보시하는 것이 가장 우수하다는 사실도 잊어서는 안 된다. 일체 유형 무형의 건축물과 그림, 조각, 음악 등도 법을 보시하기 위한 방편이다. 일산을 보시하는 일도 역시 법을 보시하여 회향하는 방편으로 삼았다.

위 령 일 체 중 생　　　득 자 재 개　　　능 지 일 체 제
爲令一切衆生으로 **得自在蓋**하야 **能持一切諸**

선 법 고
善法故며

"일체 중생으로 하여금 자재한 일산을 얻어서 일체 모든 선善한 법을 능히 지니게 하려는 연고이니라."

보배 일산을 보시하여 회향하는 까닭을 밝혔다. 낱낱이 모두 일체 중생에게 일체 모든 선善한 법을 능히 지니게 하려

는 까닭이며, 부처님의 자재한 신통을 나타내어 퇴전함이 없게 하려는 까닭이며, 일체 세계를 장엄하여 부처님께 공양하게 하려는 등의 까닭이다.

위령일체중생　　능이일개　　보부일체허공
爲令一切衆生으로 **能以一蓋**로 **普覆一切虛空**

법계일체찰토　　시현제불자재신통　　무퇴
法界一切刹土하야 **示現諸佛自在神通**하야 **無退**

전고
轉故며

"일체 중생들로 하여금 한 일산으로 일체 허공과 법계의 일체 세계를 두루 덮어서 모든 부처님의 자재한 신통을 나타내어 퇴전함이 없게 하려는 연고이니라."

위령일체중생　　능이일개　　장엄시방일체
爲令一切衆生으로 **能以一蓋**로 **莊嚴十方一切**

세계　　공양불고
世界하야 **供養佛故**며

"일체 중생으로 하여금 한 일산으로 시방 일체 세계를 장엄하여 부처님께 공양하게 하려는 연고이니라."

위 령 일 체 중 생　　이 묘 당 번　　급 제 보 개　　공
爲令一切衆生으로 **以妙幢幡**과 **及諸寶蓋**로 **供**

양 일 체 제 여 래 고
養一切諸如來故며

"일체 중생으로 하여금 묘한 당기 깃발과 보배 일산으로 일체 모든 여래께 공양하게 하려는 연고이니라."

위 령 일 체 중 생　　득 보 장 엄 개　　변 부 일 체
爲令一切衆生으로 **得普莊嚴蓋**하야 **徧覆一切**

제 불 국 토　　진 무 여 고
諸佛國土하야 **盡無餘故**며

"일체 중생으로 하여금 두루 장엄한 일산을 얻어서 일체 모든 부처님의 국토를 두루 덮고 남음이 없게 하려는 연고이니라."

위령일체중생　　　득광대개　　보개중생
爲令一切衆生으로 **得廣大蓋**하야 **普蓋衆生**하야

개령어불　생신해고
皆令於佛에 **生信解故**며

"일체 중생으로 하여금 광대한 일산을 얻어서 중생을
두루 덮어서 부처님께 신심信心과 이해를 내게 하려는
연고이니라."

위령일체중생　　이불가설중묘보개　공양
爲令一切衆生으로 **以不可說衆妙寶蓋**로 **供養**

일불　어불가설일일불소　개여시고
一佛하고 **於不可說一一佛所**에 **皆如是故**며

"일체 중생으로 하여금 말할 수 없는 여러 가지 보배
일산으로 한 부처님께 공양하게 하여 말할 수 없는 낱
낱 부처님이 계신 데마다 이와 같이 하게 하려는 연고
이니라."

위령일체중생   득불보리고광지개   보
爲令一切衆生으로 得佛菩提高廣之蓋하야 普

부일체제여래고
覆一切諸如來故며

"일체 중생으로 하여금 부처님 보리菩提의 높고 큰 일
산을 얻어 일체 모든 여래를 두루 덮게 하려는 연고이
니라."

위령일체중생   득일체마니보장엄개   일
爲令一切衆生으로 得一切摩尼寶莊嚴蓋와 一

체보영락장엄개   일체견고향장엄개   종종
切寶瓔珞莊嚴蓋와 一切堅固香莊嚴蓋와 種種

보청정장엄개   무량보청정장엄개   광대보
寶淸淨莊嚴蓋와 無量寶淸淨莊嚴蓋와 廣大寶

청정장엄개   보망미부   보령수하   수풍
淸淨莊嚴蓋와 寶網彌覆하고 寶鈴垂下하야 隨風

요동   출미묘음   보부법계허공계일체세계
搖動에 出微妙音하야 普覆法界虛空界一切世界

제불신고
諸佛身故며

"일체 중생으로 하여금 일체 마니보배로 장엄한 일산과, 일체 영락으로 장엄한 일산과, 일체 견고한 향으로 장엄한 일산과, 가지각색의 보배로 청정하게 장엄한 일산과, 한량없는 보배로 청정하게 장엄한 일산과, 광대한 보배로 청정하게 장엄한 일산을 얻어, 보배 그물로 두루 덮고 보배 방울을 드리워서 바람이 부는 대로 미묘한 소리를 내어서 법계 허공계의 모든 세계에 있는 부처님의 몸을 두루 덮게 하려는 연고이니라."

위 령 일 체 중 생   득 무 장 무 애 지 장 엄 개
爲令一切衆生으로 得無障無礙智莊嚴蓋하야
보 부 일 체 제 여 래 고
普覆一切諸如來故며

"일체 중생으로 하여금 장애가 없는 지혜로 장엄한 일산을 얻어서 일체 모든 여래를 두루 덮게 하려는 연고이니라."

우욕령일체중생   득제일지혜고   우욕령
又欲令一切衆生으로 得第一智慧故며 又欲令

일체중생   득불공덕장엄고   우욕령일체중
一切衆生으로 得佛功德莊嚴故며 又欲令一切衆

생   어불공덕   생청정욕원심고   우욕령일
生으로 於佛功德에 生淸淨欲願心故며 又欲令一

체중생   득무량무변자재심보고
切衆生으로 得無量無邊自在心寶故며

"또 일체 중생으로 하여금 제일가는 지혜를 얻게 하
려는 연고며, 또 일체 중생으로 하여금 부처님의 공덕
장엄을 얻게 하려는 연고며, 또 일체 중생으로 하여금
부처님의 공덕에 청정한 욕망과 소원을 내게 하려는 연
고며, 또 일체 중생으로 하여금 한량없고 끝이 없는 자
재한 마음 보배를 얻게 하려는 연고이니라."

우욕령일체중생   만족제법자재지고   우
又欲令一切衆生으로 滿足諸法自在智故며 又

욕령일체중생   이제선근   보부일체고
欲令一切衆生으로 以諸善根으로 普覆一切故며

우욕령일체중생　　성취최승지혜개고　우욕
又欲令一切衆生으로 成就最勝智慧蓋故며 又欲

령일체중생　　성취십력보변개고
令一切衆生으로 成就十力普徧蓋故며

"또 일체 중생으로 하여금 모든 법에 자재한 지혜를 만족케 하려는 연고며, 또 일체 중생으로 하여금 모든 선근으로 온갖 것을 널리 덮게 하려는 연고며, 또 일체 중생으로 하여금 가장 좋은 지혜 일산을 성취하게 하려는 연고며, 또 일체 중생으로 하여금 십력을 널리 두루 하는 일산을 성취하게 하려는 연고이니라."

우욕령일체중생　　능이일개　　미부법계제
又欲令一切衆生으로 能以一蓋로 彌覆法界諸

불찰고　우욕령일체중생　　어법자재　　위
佛刹故며 又欲令一切衆生으로 於法自在하야 爲

법왕고　우욕령일체중생　　득대위덕자재심
法王故며 又欲令一切衆生으로 得大威德自在心

고　우욕령일체중생　　득광대지　　항무절
故며 又欲令一切衆生으로 得廣大智하야 恒無絶

고
故며

"또 일체 중생으로 하여금 한 일산으로써 법계의 모든 세계를 덮게 하려는 연고며, 또 일체 중생으로 하여금 법에 자재하여 법왕이 되게 하려는 연고며, 또 일체 중생으로 하여금 큰 위덕과 자재한 마음을 얻게 하려는 연고며, 또 일체 중생으로 하여금 광대한 지혜를 얻어 항상 끊어지지 말게 하려는 연고이니라."

우 욕 령 일 체 중 생　　　득 무 량 공 덕　　　보 부 일
又欲令一切衆生으로 得無量功德하야 普覆一

체　　　개 구 경 고　우 욕 령 일 체 중 생　　이 제 공
切하야 皆究竟故며 又欲令一切衆生으로 以諸功

덕　　　개 기 심 고　우 욕 령 일 체 중 생　　이 평 등
德으로 蓋其心故며 又欲令一切衆生으로 以平等

심　　부 중 생 고　우 욕 령 일 체 중 생　　득 대 지
心으로 覆衆生故며 又欲令一切衆生으로 得大智

혜 평 등 개 고
慧平等蓋故며

"또 일체 중생으로 하여금 무량한 공덕을 얻어 온갖 것을 두루 덮어서 구경究竟에 이르게 하려는 연고며, 또 일체 중생으로 하여금 모든 공덕으로 그 마음을 덮게 하려는 연고며, 또 일체 중생으로 하여금 평등한 마음으로 중생을 덮게 하려는 연고며, 또 일체 중생으로 하여금 큰 지혜의 평등한 일산을 얻게 하려는 연고이니라."

우욕령일체중생　　구대회향교방편고　우
又欲令一切衆生으로 具大廻向巧方便故며 又

욕령일체중생　　획승욕락청정심고　우욕령
欲令一切衆生으로 獲勝欲樂淸淨心故며 又欲令

일체중생　　득선욕락청정의고　우욕령일체
一切衆生으로 得善欲樂淸淨意故며 又欲令一切

중생　　득대회향　　보부일체제중생고
衆生으로 得大廻向하야 普覆一切諸衆生故니라

"또 일체 중생으로 하여금 크게 회향하는 공교한 방편을 갖추게 하려는 연고며, 또 일체 중생으로 하여금 훌륭한 욕망과 청정한 마음을 얻게 하려는 연고며, 또 일체 중생으로 하여금 좋은 욕망과 청정한 뜻을 얻게 하려는 연고며, 또 일체 중생으로 하여금 크게 회향하여 일체 모든 중생을 널리 덮게 하려는 연고이니라."

보배 일산을 보시하여 일체 중생을 이익하게 하려는 까닭을 길게 설명하여 마쳤다. 보시하는 사물도 중요하지만 그 보시를 원인으로 하여 더욱 광대하게 회향하는 서원이 더욱 중요함을 깨닫게 한다.

20) 깃대와 깃발[幢幡]로 보시하다

불자   보살마하살   혹시종종상묘당번
佛子야 菩薩摩訶薩이 或施種種上妙幢幡호대

중보위간   보증위번   종종잡채   이위기
衆寶爲竿하고 寶繒爲幡하고 種種雜綵로 以爲其

당
幢이라

"불자들이여, 보살마하살이 혹 가지가지 훌륭한 당기[幢]와 번幡으로 보시하느니라. 온갖 보배로 깃대가 되고 비단으로 번이 되고 여러 가지 비단으로 당기가 되었느

니라."

깃대와 깃발[幢幡]을 때로는 당기[幢]와 번幡으로 번역하기
도 한다. 간竿도 깃대라고 번역한다. 깃대와 깃발은 오늘날
에도 정치 모임이나 운동경기나 파업이나 데모 등 각종 행사
에는 반드시 등장하는 것이다. 깃대와 깃발을 보시하여 회
향하는 뜻을 밝혔다.

보 망 수 부　　광 색 변 만　　보 탁 미 요　　　음 절
寶網垂覆하야 光色徧滿하며 寶鐸微搖하야 音節

상 화　　기 특 묘 보　　형 여 반 월　　염 부 단 금　　광 유
相和하며 奇特妙寶의 形如半月과 閻浮檀金의 光踰

교 일　　실 치 당 상　　　수 제 세 계　　업 과 소 현　　종
曒日로 悉置幢上하고 隨諸世界의 業果所現인 種

종 묘 물　　이 위 엄 식
種妙物로 以爲嚴飾하니라

"보배 그물로 씌웠으니 찬란한 빛이 가득하고 보배
풍경이 흔들리어 소리가 화평하며, 기묘한 보배는 형상

이 반달과 같고, 염부단금은 해보다 밝은 것을 당기 위에 올려 두었으며, 모든 세계의 업과 과보를 따라 나타나는 가지가지 묘한 것으로 장식하였느니라."

여시무수천만억나유타제묘당번   접영연
如是無數千萬億那由他諸妙幢幡이 接影連

휘   체상간발   광명엄결   주변대지   충
輝하야 遞相間發하며 光明嚴潔하야 周徧大地하고 充

만시방허공법계일체불찰
滿十方虛空法界一切佛刹이어든

"이와 같이 무수 천만억 나유타의 온갖 아름다운 당기와 번들의 펄럭이는 모양과 나부끼는 그림자가 어울리어 찬란하며, 광명이 휘황하여 땅 위에 두루 하고, 시방의 허공과 법계의 모든 세계에 충만하였느니라."

깃대와 깃발들이 아름답게 장엄한 모습을 밝혔다. 그 많은 수의 당기와 번들이 펄럭이는 모양과 나부끼는 그림자가 어울리어 찬란하며, 광명이 휘황하여 땅 위에 두루 하고, 시

방의 허공과 법계의 모든 세계에 충만한 모습들을 밝혔다.
그 광경을 그려 보라. 참으로 장관이지 않은가.

보살 마하살　정심신해　이여시등무량당
菩薩摩訶薩이 淨心信解하야 以如是等無量幢

번　혹시현재일체제불　급불멸후소유탑묘
幡으로 或施現在一切諸佛과 及佛滅後所有塔廟

혹시법보　혹시승보　혹시보살제선지
하며 或施法寶하며 或施僧寶하며 或施菩薩諸善知

식　혹시성문　급벽지불　혹시대중　혹
識하며 或施聲聞과 及辟支佛하며 或施大衆하며 或

시별인　제래구자　보개시여　이차선근
施別人호대 諸來求者를 普皆施與하고 以此善根으로

여시회향
如是廻向하나니

"보살마하살이 청정한 마음으로 믿고 이해하며 이와
같은 한량없는 당기와 번으로 혹은 지금 계시는 모든
부처님과 부처님이 열반하신 후 탑묘에 보시하며, 혹은
법보法寶에도 보시하고, 혹은 승보僧寶에도 보시하고, 혹은 보살과 선지식에게도 보시하며, 혹은 성문과 벽지불과 대중과 다른 사람에게까지 보시하되 모두 와서 달라는 이에게는 모두 베풀어 주느니라. 이런 선근으로 이와 같이 회향하느니라."

당기와 번을 보시하는 대상들을 밝혔다. 역시 앞에서와 같이 먼저 부처님과 부처님의 탑묘와 법보와 승보와 보살과 선지식과 성문과 연각과 대중과 다른 사람들까지 빠짐없이 다 들었다. 아래는 이러한 선근으로 다시 회향하여 원하는 바를 밝혔다.

소 위 원 일 체 중 생　　개 능 건 립 일 체 선 근 복 덕
所謂願一切衆生이 **皆能建立一切善根福德**

당 번　　불 가 훼 괴
幢幡하야 **不可毀壞**하며

"이른바 '원컨대 일체 중생이 모두 일체 선근과 복덕의 당기와 번을 세우되 파괴할 수 없게 하여지이다.'라고 하느니라."

원 일 체 중 생　　건 일 체 법 자 재 당 번　　존 중 애
願一切衆生이 建一切法自在幢幡하야 尊重愛

락　　근 가 수 호
樂하야 勤加守護하며

"'원컨대 일체 중생이 모든 법에 자재한 당기와 번을
세우고 존중하고 좋아하며 부지런히 수호하여지이다.'
라고 하느니라."

원 일 체 중 생　　상 이 보 증　　서 사 정 법　　호 지
願一切衆生이 常以寶繒으로 書寫正法하야 護持

제 불 보 살 법 장
諸佛菩薩法藏하며

"'원컨대 일체 중생이 항상 보배비단에 바른 법을 써
서 부처님과 보살의 법장法藏을 수호하여지이다.' 라고
하느니라."

원 일 체 중 생　　건 고 현 당　　연 지 혜 등　　보
願一切衆生이 建高顯幢하고 燃智慧燈하야 普

조 세 간
照世間하며

"'원컨대 일체 중생이 높은 당기를 세우고 지혜의 등
燈을 켜서 세상을 널리 비추어지이다.' 라고 하느니라."

원 일 체 중 생　　입 견 고 당　　실 능 최 진 일 체 마
願一切衆生이 **立堅固幢**하야 **悉能摧殄一切魔**

업
業하며

"'원컨대 일체 중생이 견고한 당기를 세워 모든 마군
의 업을 부수어지이다.' 라고 하느니라."

원 일 체 중 생　　건 지 력 당　　일 체 제 마　　소 불
願一切衆生이 **建智力幢**하야 **一切諸魔**의 **所不**

능 괴
能壞며

"'원컨대 일체 중생이 지혜의 힘의 당기를 세워 일체
마군이 깨뜨리지 못하게 하여지이다.' 라고 하느니라."

원 일 체 중 생　　득 대 지 혜 나 라 연 당　　최 멸 일
願一切衆生이 得大智慧那羅延幢하야 摧滅一

체 세 간 만 당
切世間慢幡하며

"'원컨대 일체 중생이 큰 지혜와 나라연 당기를 얻어 일체 세간의 교만의 당기를 꺾어지이다.' 라고 하느니라."

원 일 체 중 생　　득 지 혜 일 대 광 명 당　　이 지 일
願一切衆生이 得智慧日大光明幢하야 以智日

광　　보 조 법 계
光으로 普照法界하며

"'원컨대 일체 중생이 지혜의 태양인 크게 광명한 당기를 얻어 지혜의 햇빛으로 법계를 널리 비추어지이다.' 라고 하느니라."

원 일 체 중 생　　구 족 무 량 보 장 엄 당　　충 만
願一切衆生으로 具足無量寶莊嚴幢하야 充滿

시방 일체 세계　　공양제불
十方一切世界하야 **供養諸佛**하며

"'원컨대 일체 중생이 한량없는 보배로 장엄한 당기를 구족하고 시방의 일체 세계에 충만하여 모든 부처님께 공양하여지이다.' 라고 하느니라."

원 일체 중생　　득 여래당　　최 멸 일체 구 십 육
願一切衆生이 **得如來幢**하야 **摧滅一切九十六**

종 외 도 사 견
種外道邪見이니라

"'원컨대 일체 중생이 여래의 당기를 얻어 일체 96종 외도의 모든 삿된 소견을 부수어지이다.' 라고 하느니라."

시위 보살 마 하 살　　시 당 번 시　　선근 회 향
是爲菩薩摩訶薩의 **施幢幡時**에 **善根廻向**이니

위 령 일 체 중 생　　득 심 심 고 광 보 살 행 당　　급 제
爲令一切衆生으로 **得甚深高廣菩薩行幢**과 **及諸**

보 살 신 통 행 당   청 정 도 고
菩薩神通行幢의 淸淨道故니라

"이것이 보살마하살이 당기와 번으로 보시할 때에 선
근으로 회향하는 것이니라. 일체 중생으로 하여금 깊고
높고 넓은 보살행의 당기와 보살의 신통행의 당기의 청
정한 도道를 얻게 하려는 연고이니라."

보살이 깃대와 깃발을 보시하고 일체 중생이 일체 선근
과 복덕의 깃대와 깃발을 세우기를 발원하는 등으로 회향하
는 설법을 마쳤다. 언제나 선행을 하고 복덕을 쌓아 세상의
깃발이 되어야 할 것이다. 불교에서는 보시를 할 때 무엇을
하든 반드시 보시의 내용과 연관하여 불법을 깨닫게 하는
원을 세워 회향하는 것이 중요하다는 것을 다시 일깨운다.
예컨대 우물이 없는 곳에 우물을 파서 보시한다면 정법의
물과 지혜와 자비의 물과 인과법칙의 물과 사람이 곧 부처님
이라는 물이 세상에 흘러넘쳐 온 대지를 다 적시기를 발원하
는 것이다.

21〉여러 가지 보배를 보시하다

불자 보살마하살 개중보장 이백천억
佛子야 菩薩摩訶薩이 開衆寶藏하야 以百千億

나유타제묘진보 급시무수일체중생 수의
那由他諸妙珍寶로 給施無數一切衆生호대 隨意

여지 심무린석 이제선근 여시회향
與之하야 心無悋惜하고 以諸善根으로 如是廻向하나니

"불자들이여, 보살마하살이 여러 보물창고를 열어 놓
고 백천억 나유타 모든 보배를 무수한 일체 중생에게
보시할 적에 주고 싶은 대로 다 주면서도 인색한 마음
이 없느니라. 모든 선근으로 이와 같이 회향하느니라."

여러 가지 보배를 보시하여 회향하는 것을 밝혔다. 보배
와 연관이 있는 것이 불교에는 무엇이 있을까. 당연히 불교
의 세 가지 보배인 불법승 삼보가 그것이다. 그래서 일체 중
생이 항상 불보佛寶를 뵈옵고는 어리석음을 버리고 바른 생
각을 수행하기를 원한다. 또 법보法寶의 광명을 갖추고 모든
부처님의 법장法藏을 수호하기를 원한다. 또 승보僧寶를 거두
어 받잡고 시중들며 공양하되 언제나 싫은 생각이 없기를 원

하며 회향한다.

　　　소위원일체중생　　상견불보　　　사리우치
所謂願一切衆生이 **常見佛寶**하야 **捨離愚癡**하고
수행정념
修行正念하며

　"이른바 '원컨대 일체 중생이 항상 불보佛寶를 뵈옵고
는 어리석음을 버리고 바른 생각을 수행하여지이다.'라
고 하느니라."

　　　원일체중생　　개득구족법보광명　　　호지일
願一切衆生이 **皆得具足法寶光明**하야 **護持一**
체제불법장
切諸佛法藏하며

　"'원컨대 일체 중생이 모든 법보法寶의 광명을 갖추
고 모든 부처님의 법장法藏을 수호하여지이다.'라고 하
느니라."

원 일 체 중 생　　능 실 섭 수 일 체 승 보　　주 급 공
願一切衆生이 能悉攝受一切僧寶하야 周給供

양　　항 무 염 족
養호대 恒無厭足하며

"'원컨대 일체 중생이 모든 승보僧寶를 거두어 받잡고
시중들며 공양하되 언제나 싫은 생각이 없어지이다.' 라
고 하느니라."

원 일 체 중 생　　득 일 체 지 무 상 심 보　　정 보 리
願一切衆生이 得一切智無上心寶하야 淨菩提

심　　무 유 퇴 전
心호대 無有退轉하며

"'원컨대 일체 중생이 온갖 지혜의 위없는 마음 보배
를 얻어 보리심을 청정케 하며 퇴전치 말아지이다.' 라
고 하느니라."

원 일 체 중 생　　득 지 혜 보　　보 입 제 법　　심
願一切衆生이 得智慧寶하야 普入諸法호대 心

무 의 혹
無疑惑하며

"'원컨대 일체 중생이 지혜의 보배를 얻고 모든 법에 널리 들어가되 마음에 의혹이 없어지이다.'라고 하느니라."

원 일 체 중 생   구 족 보 살 제 공 덕 보   개 시 연
願一切衆生이 **具足菩薩諸功德寶**하야 **開示演**

설 무 량 지 혜
說無量智慧하며

"'원컨대 일체 중생이 보살의 모든 공덕 보배를 구족하고 한량없는 지혜를 열어 보여 연설하여지이다.'라고 하느니라."

원 일 체 중 생   득 어 무 량 묘 공 덕 보   수 성 정
願一切衆生이 **得於無量妙功德寶**하야 **修成正**

각 십 력 지 혜
覺十力智慧하며

"'원컨대 일체 중생이 한량없는 묘한 공덕 보배를 얻고 정각의 십력과 지혜를 닦아 이루어지이다.'라고 하느니라."

원일체중생   득묘삼매십육지보   구경성
願一切衆生이 **得妙三昧十六智寶**하야 **究竟成**

만광대지혜
滿廣大智慧하며

"'원컨대 일체 중생이 묘한 삼매와 16지혜의 보배를 얻고 구경究竟에는 광대한 지혜를 이루어지이다.'라고 하느니라."

원일체중생   성취제일복전지보   오입여
願一切衆生이 **成就第一福田之寶**하야 **悟入如**

래무상지혜
來無上智慧하며

"'원컨대 일체 중생이 제일가는 복전의 보배를 성취하고 여래의 위없는 지혜에 깨달아 들어가지이다.'라고 하느니라."

원 일체 중생 득 성 제일 무 상 보 왕 이 무 진
願一切衆生이 得成第一無上寶王하야 以無盡

변 개 연 제 법
辯으로 開演諸法이니라

"'원컨대 일체 중생이 제일인 위없는 보배왕을 이루
고 무진無盡한 변재辯才로 모든 법을 연설하여지이다.'라
고 하느니라."

시 위 보 살 마 하 살 시 중 보 시 선 근 회 향
是爲菩薩摩訶薩의 施衆寶時에 善根廻向이니

위 령 일 체 중 생 개 득 성 만 제일 지 보 여 래 무
爲令一切衆生으로 皆得成滿第一智寶와 如來無

애 정 안 보 고
礙淨眼寶故니라

"이것이 보살마하살이 여러 가지 보배를 보시할 때에
선근으로 회향하는 것이니라. 일체 중생으로 하여금 제

일 지혜의 보배와 여래의 장애 없는 청정한 눈을 성취
케 하려는 연고이니라."

세상에는 보배니 보물이니 보석이니 하는 것들이 대단히
많다. 그러나 불교에서는 그와 같은 여러 가지 보물을 대할
때 응당 불교의 세 가지 보배와 제일가는 깨달음의 지혜의
보배와 여래의 장애 없는 청정한 눈의 보배를 성취하는 것을
뛰어넘을 수 없다. 불교의 눈으로는 물질의 보배를 만나더
라도 반드시 이와 같은 출세간의 보배로 회향하여야 한다.

22〉 장엄거리로 보시하다

불자 　보살마하살　혹이종종묘장엄구　이
佛子야 **菩薩摩訶薩**이 **或以種種妙莊嚴具**로 **而**

위보시 　소위일체신장엄구 　영신정묘 　미
爲布施호대 **所謂一切身莊嚴具**가 **令身淨妙**하야 **靡**

불칭가 　보살마하살 　등관일체세간중생 　유
不稱可니 **菩薩摩訶薩**이 **等觀一切世間衆生**을 **猶**

여 일 자   욕 령 개 득 신 정 장 엄   성 취 세 간 최 상
如一子하야 欲令皆得身淨莊嚴하야 成就世間最上

안 락   불 지 혜 락   안 주 불 법   이 익 중 생
安樂과 佛智慧樂하야 安住佛法하야 利益衆生하나라

"불자들이여, 보살마하살이 혹은 가지가지 묘한 장엄거리로 보시하느니라. 이른바 일체 몸을 단장하는 장엄거리로 몸을 깨끗하고 기묘하게 하여 마음에 잘 맞게 하며, 보살마하살이 일체 세간의 중생들을 외아들과 같이 평등하게 관찰하므로 모두 몸을 청정하게 장엄하고, 세간의 가장 좋은 안락과 부처님 지혜의 낙樂을 얻고는 불법佛法에 머물러서 중생을 이익하게 하느니라."

십회향 중 제6 수순견고일체선근회향의 60종의 보시 가운데 22번째 장엄거리로 보시하여 회향하는 것을 밝혔다. 몸을 단장하는 장신구와 같은 것이다. 즉 귀걸이, 목걸이, 반지, 팔찌 등이다. 보살마하살이 일체 세간의 중생들을 외아들과 같이 평등하게 관찰하므로 몸을 아름답게 장엄하고, 세간의 가장 좋은 안락과 부처님 지혜의 낙樂을 얻고는 불법에 머물러서 중생을 이익하게 하는 일이다.

이여시등백천억나유타종종수묘보장엄구
以如是等百千億那由他種種殊妙寶莊嚴具로

근행보시　　행보시시　　이제선근　　　여시회
勤行布施하고 **行布施時**에 **以諸善根**으로 **如是廻**

향
向하나니

"이와 같은 등 백천억 나유타 가지가지 미묘한 보배
장엄거리로 부지런히 보시를 행하느니라. 또한 보시를
행할 때에 모든 선근으로 이와 같이 회향하느니라."

귀걸이, 목걸이, 반지, 팔찌 등 온갖 장신구로 보시하여
이와 같은 선근으로 다시 불법의 뜻으로 회향하는 서원의 내
용을 설하였다.

소위원일체중생　　성취무상묘장엄구　　　이
所謂願一切衆生이 **成就無上妙莊嚴具**하야 **以**

제청정공덕지혜　　장엄인천
諸清淨功德智慧로 **莊嚴人天**하며

"이른바 '원컨대 일체 중생이 위없는 묘한 장엄거리를 성취하여 청정한 공덕과 지혜로 인간과 천상을 장엄하여지이다.' 라고 하느니라."

원 일 체 중 생　　득 청 정 장 엄 상　　이 정 복 덕
願一切衆生이 得淸淨莊嚴相하야 以淨福德으로

장 엄 기 신
莊嚴其身하며

"'원컨대 일체 중생이 청정하고 장엄한 상호를 얻어 깨끗한 복덕으로 몸을 장엄하여지이다.' 라고 하느니라."

원 일 체 중 생　　득 상 묘 장 엄 상　　이 백 복 상
願一切衆生이 得上妙莊嚴相하야 以百福相으로

장 엄 기 신
莊嚴其身하며

"'원컨대 일체 중생이 가장 묘하고 장엄한 상호를 얻어 온갖 복덕의 상호로 몸을 장엄하여지이다.' 라고 하느니라."

원일체중생 득부잡란장엄상 이일체상
願一切衆生이 得不雜亂莊嚴相하야 以一切相

장엄기신
으로 莊嚴其身하며

"'원컨대 일체 중생이 어지럽지 않은 장엄한 모양을
얻어 온갖 모양으로 몸을 장엄하여지이다.' 라고 하느
니라."

원일체중생 득선정어언장엄상 구족종
願一切衆生이 得善淨語言莊嚴相하야 具足種

종무진변재
種無盡辯才하며

"'원컨대 일체 중생이 선하고 깨끗한 말로 장엄한 모
양을 얻어 갖가지 무진한 변재를 구족하여지이다.' 라고
하느니라."

원일체중생 득일체공덕성장엄상 기음
願一切衆生이 得一切功德聲莊嚴相하야 其音

^{청 정} ^{문 자 희 열}
清淨_{하야} **聞者喜悅**_{하며}

　"'원컨대 일체 중생이 모든 공덕의 소리로 장엄한 상
호를 얻어 그 음성이 청정하여 듣는 이가 기뻐하여지이
다.'라고 하느니라."

^{원 일 체 중 생} ^{득 가 애 락 제 불 어 언 장 엄 상}
願一切衆生_이 **得可愛樂諸佛語言莊嚴相**_{하야}

^{영 제 중 생} ^{문 법 환 희} ^{수 청 정 행}
令諸衆生_{으로} **聞法歡喜**_{하야} **修淸淨行**_{하며}

　"'원컨대 일체 중생이 사랑스러운 모든 부처님 말씀
의 장엄한 모양을 얻어 중생들로 하여금 법을 듣고 환
희하며 청정한 행을 닦게 하여지이다.'라고 하느니라."

^{원 일 체 중 생} ^{득 심 장 엄 상} ^{입 심 선 정}
願一切衆生_이 **得心莊嚴相**_{하야} **入深禪定**_{하야}

^{보 견 제 불}
普見諸佛_{하며}

"'원컨대 일체 중생이 마음으로 장엄하는 모양을 얻고 깊은 선정에 들어가 여러 부처님을 보아지이다.' 라고 하느니라."

願一切衆生이 得總持莊嚴相하야 照明一切諸
佛正法하며

"'원컨대 일체 중생이 모두 지니는 장엄한 모양을 얻어 일체 모든 부처님의 바른 법을 비추어지이다.' 라고 하느니라."

願一切衆生이 得智慧莊嚴相하야 以佛智慧로
莊嚴其心이니라

"'원컨대 일체 중생이 지혜로 장엄하는 모양을 얻어 부처님의 지혜로 그 마음을 장엄하여지이다.' 라고 하느

니라."

시위보살마하살 혜시일체장엄구시 선근
是爲菩薩摩訶薩의 惠施一切莊嚴具時에 善根

회향 위령중생 구족일체무량불법 공
廻向이니 爲令衆生으로 具足一切無量佛法하야 功

덕 지혜 원만 장엄 영리일체교만방일고
德智慧로 圓滿莊嚴하야 永離一切憍慢放逸故니라

"이것이 보살마하살이 모든 장엄거리로 보시할 때에
선근으로 회향하는 것이니라. 중생으로 하여금 한량없
는 부처님 법을 구족하고 공덕과 지혜로 원만하게 장엄
하여 모든 교만과 방일을 영원히 여의게 하려는 연고이
니라."

60종의 보시 가운데 22번째 온갖 장신구로 보시하여 원
을 세워 회향하는 설법을 마쳤다.

23〉보배 관冠과 머리 위의 구슬을 보시하다

불자　보살마하살　이수관정자재왕위　마
佛子야 菩薩摩訶薩이 以受灌頂自在王位의 摩

니보관　급계중주　보시중생　심무린석
尼寶冠과 及髻中珠로 普施衆生호대 心無悋惜하고

상근수습　위대시주　수학시혜　증장사
常勤修習하야 爲大施主하야 修學施慧하며 增長捨

근　지혜선교　기심광대　급시일체　이
根과 智慧善巧하야 其心廣大하야 給施一切하고 以

피선근　여시회향
彼善根으로 如是廻向하나니

"불자들이여, 보살마하살이 관정灌頂을 받은 자재한
왕의 지위와 마니보배 관冠과 상투의 구슬을 중생에게
보시하면서도 아끼는 마음이 없고, 항상 부지런히 닦아
서 큰 시주가 되며, 보시하는 지혜를 배워서 버리는 성
품[捨根]을 증장하며, 지혜가 교묘하고 마음이 광대하여
모든 것을 베풀어 주느니라. 이런 선근으로 이와 같이
회향하느니라."

십회향 중 제6 수순견고일체선근회향에서 펼치는 60종

의 보시 가운데 23번째 보배 관冠과 머리 위의 구슬을 보시
하여 원을 세워 회향하는 내용을 밝혔다.

　　　　소 위 원 일 체 중 생　　득 제 불 법 지 소 관 정　　　성
　　所謂願一切衆生이 **得諸佛法之所灌頂**하야 **成**

일 체 지
一切智하며

　　"이른바 '원컨대 일체 중생이 불법佛法으로 관정함을
얻어 온갖 지혜를 이루어지이다.'라고 하느니라."

　　　　원 일 체 중 생　　구 족 정 계　　　득 제 일 지　　　도 어
　　願一切衆生이 **具足頂髻**하야 **得第一智**하야 **到於**

피 안
彼岸하며

　　"'원컨대 일체 중생이 정상頂上의 육계肉髻를 구족하고
제일의 지혜를 얻어 저 언덕에 이르러지이다.'라고 하
느니라."

원 일 체 중 생　　　이 묘 지 보　　　보 섭 중 생　　　개 령
願一切衆生이 **以妙智寶**로 **普攝衆生**하야 **皆令**

구 경 공 덕 지 정
究竟功德之頂하며

"'원컨대 일체 중생이 묘한 지혜의 보배로 중생을 포섭하여 공덕의 정수리를 성취[究竟]하여지이다.' 라고 하느니라."

원 일 체 중 생　　　개 득 성 취 지 혜 보 정　　　감 수 세
願一切衆生이 **皆得成就智慧寶頂**하야 **堪受世**

간 지 소 예 경
間之所禮敬하며

"'원컨대 일체 중생이 지혜의 보배 정상을 성취하여 세간의 예경을 받아지이다.' 라고 하느니라."

원 일 체 중 생　　　이 지 혜 관　　　장 엄 기 수　　　위
願一切衆生이 **以智慧冠**으로 **莊嚴其首**하야 **爲**

일체 법 자 재 지 왕
一切法自在之王하며

"'원컨대 일체 중생이 지혜의 관冠으로 머리를 장엄하고 온갖 법에 자재한 왕이 되어지이다.' 라고 하느니라."

원 일 체 중 생   지 혜 명 주   계 기 정 상   일 체
願一切衆生이 智慧明珠로 繫其頂上하야 一切
세 간   무 능 견 자
世間이 無能見者하며

"'원컨대 일체 중생이 지혜의 진주를 정수리에 두었지마는 모든 세간에서 볼 사람이 없어지이다.' 라고 하느니라."

원 일 체 중 생   개 실 감 수 세 간 정 례   성 취 혜
願一切衆生이 皆悉堪受世間頂禮하야 成就慧
정   조 명 불 법
頂하야 照明佛法하며

"'원컨대 일체 중생이 모두 세간의 정례頂禮를 받게 되

어 지혜의 정상을 성취하여 부처님 법을 비추어지이다.'
라고 하느니라."

　원 일 체 중 생　　수 관 십 력 장 엄 지 관　　　지 혜 보
願一切衆生이 **首冠十力莊嚴之冠**하야 **智慧寶**

해　　청 정 구 족
海가 **淸淨具足**하며

"'원컨대 일체 중생이 십력+力으로 장엄한 관을 쓰고 지
혜의 바다가 청정하며 구족하여지이다.' 라고 하느니라."

　원 일 체 중 생　　지 대 지 정　　　득 일 체 지　　구 경
願一切衆生이 **至大地頂**하야 **得一切智**하야 **究竟**

십 력　　파 욕 계 정　　제 마 권 속
十力하야 **破欲界頂**의 **諸魔眷屬**하며

"'원컨대 일체 중생이 대지大地의 정상에 이르러 온갖
지혜를 얻고 십력을 끝까지 이루어 욕계의 꼭대기에 있
는 모든 마군을 깨뜨려지이다.' 라고 하느니라."

원제중생　득성제일무상정왕　　획일체지
願諸衆生이 **得成第一無上頂王**하야 **獲一切智**

광명지정　　무능영탈
光明之頂하야 **無能暎奪**이니라

"'원컨대 모든 중생이 제일이고 위없는 우두머리의 왕이 되고 온갖 지혜의 정상을 얻어 능히 가릴 이가 없어지이다.' 라고 하느니라."

시위보살마하살　　시보관시　　선근회향
是爲菩薩摩訶薩의 **施寶冠時**에 **善根廻向**이니

위령중생　　득제일지최청정처지혜마니묘보
爲令衆生으로 **得第一智最淸淨處智慧摩尼妙寶**

관고
冠故니라

"이것이 보살마하살이 보배 관을 보시할 때에 선근으로 회향하는 것이니라. 중생들로 하여금 제일가는 지혜로 가장 청정한 자리에서 지혜로 된 보배 관을 얻게 하려는 연고이니라."

60종의 보시 가운데 23번째 보배 관冠과 머리 위의 구슬을 보시하여 원을 세워 회향하는 내용을 설하여 마쳤다.

24〉 옥중의 중생을 구출하는 보시

佛子_야 菩薩摩訶薩_이 見有衆生_이 處在牢獄黑
불 자   보 살 마 하 살   견 유 중 생   처 재 뇌 옥 흑

闇之處_{하야} 杻械枷鎖_로 檢繫其身_{하야} 起坐不安_{하고}
암 지 처   추 계 가 쇄   검 계 기 신   기 좌 불 안

衆苦競集_{호대} 無有親識_{하며} 無歸無救_{하야} 裸露饑
중 고 경 집   무 유 친 식   무 귀 무 구   나 로 기

羸_에 酸劇難忍_{하고}
리   산 극 난 인

"불자들이여, 보살마하살이 예컨대 어떤 중생이 캄캄한 옥獄 가운데 있어서 쇠고랑과 수갑과 칼과 쇠사슬로 몸을 구속하여 앉고 일어나기에 불편이 막심하고 고통이 그지없는데, 친지도 없고 의지할 데도 없고 구해 줄 이도 없으며 헐벗고 굶주리고 고초를 참지 못하는 것을 보았느니라."

보시에는 여러 가지가 있다. 재시財施와 법시法施와 무외시無畏施가 있고, 또 무재칠시無財七施도 있다. 60종의 보시 가운데 24번째 옥중에서 고통받는 중생을 구출하는 보시를 설하였다. 죄를 지어 감옥에 갇혔거나 정치적 문제로 갇혔거나 쇠고랑과 수갑과 칼과 쇠사슬로 몸을 구속하여 옥에 갇혔을 때 그와 같은 중생을 구출하여 풀려나게 하는 것은 큰 보시가 된다.

보살   견이   사기소유일체재보   처자권속
菩薩이 見已에 捨其所有一切財寶와 妻子眷屬과

급이자신   어뢰옥중   구피중생   여대비보
及以自身하야 於牢獄中에 救彼衆生을 如大悲菩

살   묘안왕보살   기구도이   수기소수
薩과 妙眼王菩薩하고 旣救度已하야는 隨其所須하야

보개급시   제기고환   영득안은
普皆給施하야 除其苦患하야 令得安隱하며

"보살이 보고 나서는 모든 가졌던 재물과 처자와 권속과 자기의 몸까지 버리어 옥중에 들어가 그 중생을 구호하되, 마치 대비大悲보살과 묘안왕妙眼王보살처럼 하며, 이미 구호해 주고는 그가 요구하는 대로 베풀어 주어 고통과 환란을 없애고 편안함을 얻게 하느니라."

보살이 옥에 갇힌 사람을 보고 자신이 가졌던 재물과 처자와 권속과 자기의 몸까지 버려 옥중에 들어가 그 중생을 구호한다. 대비大悲보살과 묘안왕妙眼王보살의 사례를 들었으나 자세한 내용은 알 수 없다.

연 후   시 이 무 상 법 보   영 사 방 일   안 주
然後에 施以無上法寶하야 令捨放逸하고 安住

선 근   어 불 교 중   심 무 퇴 전   불 자   보 살
善根하야 於佛教中에 心無退轉이니라 佛子야 菩薩

마 하 살   어 뢰 옥 중   구 중 생 시   이 제 선 근
摩訶薩이 於牢獄中에 救衆生時에 以諸善根으로

여 시 회 향
如是廻向하나니

"그런 후에는 가장 높은 법보法寶를 보시하여 그로 하

여금 방일을 떠나고 선근에 머무르며 불교佛敎 가운데서 퇴전하지 않게 하느니라. 불자들이여, 보살마하살이 옥중에서 중생을 구출할 때에 모든 선근으로 이와 같이 회향하느니라."

보살이 재산을 보시하여 옥에 갇힌 이를 구출하고 나서 가장 높은 법보法寶를 보시하여 그로 하여금 방일을 떠나고 선근에 머무르며 불교佛敎 가운데서 퇴전하지 않게 해야 진정한 보시가 되며 회향이 된다. 이와 같이 회향하고 일체 중생이 탐욕과 애착의 속박에서 끝까지 해탈하기를 원하는 등의 원을 세워 회향하는 내용을 밝혔다.

　　　　소 위 원 일 체 중 생　　　구 경 해 탈 탐 애 전 박
　　所謂願一切衆生이 **究竟解脫貪愛纏縛**하며

"이른바 '원컨대 일체 중생이 탐욕과 애착의 속박에서 끝까지 해탈하여지이다.'라고 하느니라."

원 일 체 중 생　　　단 생 사 류　　　승 지 혜 안
願一切衆生이 **斷生死流**하고 **昇智慧岸**하며

"'원컨대 일체 중생이 생사의 흐름을 끊고 지혜의 언덕에 올라지이다.' 라고 하느니라."

원 일 체 중 생　　　제 멸 우 치　　　생 장 지 혜　　　해
願一切衆生이 **除滅愚癡**하고 **生長智慧**하야 **解**

탈 일 체 번 뇌 전 박
脫一切煩惱纏縛하며

"'원컨대 일체 중생이 어리석음을 멸하고 지혜를 생장하게 하여 모든 번뇌의 속박에서 해탈하여지이다.' 라고 하느니라."

원 일 체 중 생　　　멸 삼 계 박　　　득 일 체 지　　　구
願一切衆生이 **滅三界縛**하고 **得一切智**하야 **究**

경 출 리
竟出離하며

"'원컨대 일체 중생이 삼계의 속박을 멸하고 일체 지

혜를 얻어 끝까지 벗어나지이다.'라고 하느니라."

　원 일 체 중 생　　영 단 일 체 번 뇌 결 박　　도 무 번
願一切衆生이 永斷一切煩惱結縛하고 到無煩

뇌 무 장 애 지 지 혜 피 안
惱無障礙地智慧彼岸하며

　"'원컨대 일체 중생이 모든 번뇌의 결박을 영원히 끊
고 번뇌도 없고 장애도 없는 지혜의 저 언덕에 이르러
지이다.'라고 하느니라."

　원 일 체 중 생　　이 제 동 념 사 유 분 별　　입 어 평
願一切衆生이 離諸動念思惟分別하고 入於平

등 부 동 지 지
等不動智地하며

　"'원컨대 일체 중생이 여러 가지 흔들리는 마음과 생
각하고 분별함을 여의고, 평등하고 동요하지 않는 지혜
의 지위에 들어가지이다.'라고 하느니라."

원일체중생　탈제욕박　　영리세간일체탐
願一切衆生이 脫諸欲縛하야 永離世間一切貪

욕　　어삼계중　무소염착
欲하고 於三界中에 無所染着하며

"'원컨대 일체 중생이 모든 욕심의 속박을 벗고 세간
의 모든 탐욕에서 영원히 벗어나 삼계三界에 물들지 말
아지이다.' 라고 하느니라."

원일체중생　득승지락　　상몽제불　위설
願一切衆生이 得勝志樂하야 常蒙諸佛이 爲說

법문
法門하며

"'원컨대 일체 중생이 좋은 뜻을 얻어 부처님들의 말
씀하는 법문을 받들어지이다.' 라고 하느니라."

원일체중생　득무착무박해탈심　　광대여
願一切衆生이 得無着無縛解脫心하야 廣大如

법계　　　구경여허공
法界하고 **究竟如虛空**하며

　　"'원컨대 일체 중생이 집착도 없고 속박도 없는 해탈
의 마음을 얻어 법계와 같이 광대하고 허공과 같이 구
경究竟하여지이다.'라고 하느니라."

원일체중생　　득보살신통　　일체세계　　조
願一切衆生이 **得菩薩神通**하야 **一切世界**에 **調**

복중생　　영리세간　　주어대승
伏衆生하야 **令離世間**하고 **住於大乘**이니라

　　"'원컨대 일체 중생이 보살의 신통을 얻고 모든 세계
에서 중생들을 조복하여 세간을 떠나서 대승大乘에 머물
게 하여지이다.'라고 하느니라."

시위보살마하살　　구도뢰옥고중생시　　선
是爲菩薩摩訶薩의 **救度牢獄苦衆生時**에 **善**

근회향　　위령중생　　보입여래지혜지고
根廻向이니 **爲令衆生**으로 **普入如來智慧地故**니라

"이것이 보살마하살이 옥중에서 고통받는 중생을 구원할 때에 선근으로 회향하는 것이니라. 중생들로 하여금 여래의 지위에 들게 하려는 연고이니라."

60종의 보시 가운데 24번째 옥중에 갇혀 있는 중생을 일체 재산과 권속까지 버려 구출하는 보시로 회향하는 것을 설하여 마쳤다.

25〉 몸을 버려서 생명을 대신하는 보시

불자　보살마하살　견유옥수　오처피박
佛子야 菩薩摩訶薩이 見有獄囚가 五處被縛하야

수제고독　방위구핍　장지사지　욕단기
受諸苦毒하며 防衛驅逼하야 將之死地하야 欲斷其

명　사염부제일체락구　친척붕우　실장영
命에 捨閻浮提一切樂具와 親戚朋友하야 悉將永

결　치고침상　이도도할　혹용목창
訣하고 置高碪上하야 以刀屠割하며 或用木槍하야

수관기체　의전유옥　이화분소　여시등
竪貫其體하며 衣纏油沃하야 以火焚燒하는 如是等

<ruby>苦<rt>고</rt></ruby><ruby>가<rt></rt></ruby> <ruby>種種逼迫<rt>종 종 핍 박</rt></ruby>하고

"불자들이여, 보살마하살이 옥에 갇힌 어떤 죄수가 다섯 군데[표體] 결박을 지고 온갖 고통을 받다가 옥졸에게 끌리어 사형장에 나아가 목숨을 끊으려 할 적에, 남섬부주의 모든 즐거움의 도구를 버리며, 친척과 동무들과 모두 영원히 이별하고, 형틀 위에 놓여 칼로 자르며, 창으로 그 몸을 찌르며, 옷으로 싸고 기름을 부어 불로 태우나니, 이와 같은 갖가지 고통이 핍박함을 보느니라."

십회향 중 제6 수순견고일체선근회향의 60종의 보시 가운데 25번째 자신의 몸을 버려 다른 이의 생명을 대신하는 보시를 밝혔다. 다른 사람의 죽음을 대신해서 자신이 누릴 온갖 즐길 거리와 인생을 다 포기하고 갖은 고통을 받으며 오직 하나뿐인 생명까지 보시한다는 것은 설명만으로도 숨이 막히는 감동이다. 진실로 보살이 아니면 어찌 이와 같은 생각을 할 수 있겠는가.

菩薩이 見已에 自捨其身하야 而代受之를 如阿
보살 견이 자사기신 이대수지 여아

逸多菩薩과 殊勝行王菩薩과 及餘無量諸大菩薩이
일다보살 수승행왕보살 급여무량제대보살

爲衆生故로 自捨身命하야 受諸苦毒이니라
위중생고 자사신명 수제고독

"보살이 보고 나서 스스로 몸을 버려서 대신 사형을
받으려 하기를 마치 아일다阿逸多보살과 수승행왕殊勝行王
보살과 그 외에 한량없는 다른 큰 보살들이 중생을 위
하여 스스로 목숨을 버리고 고통을 대신 받듯이 하느
니라."

자신의 생명을 버려 다른 사람의 생명을 대신하는 보시
를 밝히면서 아일다阿逸多보살과 수승행왕殊勝行王보살과 그
외에 한량없는 다른 큰 보살들이 중생을 위하여 스스로 목
숨을 버리고 고통을 대신 받듯이 한다고 하였다. 그러나 어
떤 사례가 있었는지 알 수 없어 밝히지 못한다.

菩薩이 爾時에 語主者言호대 我願捨身하야 以代

彼命호리니 如此等苦를 可以與我호대 如治彼人하야

隨意皆作하라 設過彼苦를 阿僧祇倍라도 我亦當

受하야 令其解脫이니라 我若見彼의 將被殺害하고 不

捨身命하야 救贖其苦면 則不名爲住菩薩心이니 何

以故오 我爲救護一切衆生하야 發一切智菩提心

故라하나니라

"보살이 그때에 옥주獄主에게 말하기를 '내가 몸을 버려서 저 사람의 목숨을 대신하려 하니, 저러한 고초를 나에게 주며 저 사람에게 처벌할 것을 나에게 하라. 설사 저 사람이 받을 고통보다 아승지 곱이 더 심하더라도 내가 또한 당연히 받고 저로 하여금 죄에서 벗어나게 하리라. 내가 만일 저 사람이 사형 받을 것을 보고도 생명을 버려서 대신 받지 않으면, 보살의 마음에 머문 이라고 할 수 없느니라. 왜냐하면 나는 일체 중생을 구호하기 위하여 일체 지혜에 나아갈 보리심을 발한 연고 이니라.' 라고 하느니라."

하늘에 닿는 보살의 대자대비의 마음을 밝히면서 "나는 일체 중생을 구호하기 위하여 일체 지혜에 나아갈 보리심을 발한 연고이다."라고 하였다. 달리 무슨 설명이 더 필요하겠는가.

불 자　보 살 마 하 살　자 사 신 명　구 중 생 시
佛子야 菩薩摩訶薩이 自捨身命하야 救衆生時에

이 제 선 근　여 시 회 향
以諸善根으로 如是廻向하나니

"불자들이여, 보살마하살이 스스로 자기의 생명을 버려서 중생을 구호할 때에 이런 선근으로 이와 같이 회향하느니라."

보살이 자신의 몸을 버려서 다른 이의 생명을 대신하는 보시를 하여 이 모든 선근으로 회향하는 내용을 밝힌다. 자신의 생명으로 다른 이의 생명을 대신하는 이 거룩한 보시를 하면서 다시 그와 같은 선근이 불법으로 회향되기를 발원한다. 생명을 대신하는 보시도 한량없이 훌륭한 불법이다. 그것에 더하여 발원으로 회향하는 것은 드넓은 우주를 다 덮고도 남는 무량무변하고 불가사의한 대자대비의 마음이다.

소위 원 일 체 중 생   득 무 단 진 구 경 신 명   영
所謂願一切衆生이 得無斷盡究竟身命하야 永
리 일 체 재 횡 핍 뇌
離一切災橫逼惱하며

"이른바 '원컨대 일체 중생이 끊어지지 않고 끝까지 이르는 생명을 얻어 일체 횡액과 핍박을 길이 여의어지이다.'라고 하느니라."

원 일 체 중 생　　의 제 불 주　　수 일 체 지　　구 족
願一切衆生이 依諸佛住하야 受一切智하야 具足

십 력 보 리 기 별
十力菩提記莂하며

"'원컨대 일체 중생이 모든 부처님을 의지하여 있으
면서 일체 지혜를 받고 십력과 보리의 수기[記莂]를 구족
하여지이다.'라고 하느니라."

원 일 체 중 생　　보 구 함 식　　영 무 포 외　　영 출
願一切衆生이 普救含識하야 令無怖畏하야 永出

악 도
惡道하며

"'원컨대 일체 중생이 중생들을 두루 구호하여 공포
심이 없고 나쁜 갈래에서 영원히 벗어나게 하여지이다.'
라고 하느니라."

원 일 체 중 생　　득 일 체 명　　입 어 불 사 지 혜 경
願一切衆生이 得一切命하야 入於不死智慧境

계
界하며

　"'원컨대 일체 중생이 모든 생명을 얻고 죽지 않는 지혜의 경계에 들어가지이다.'라고 하느니라."

원 일 체 중 생　　영 리 원 적　　무 제 액 난　　상 위
願一切衆生이 **永離怨敵**하고 **無諸厄難**하야 **常爲**

제 불 선 우　　소 섭
諸佛善友의 **所攝**하며

　"'원컨대 일체 중생이 원수와 대적을 아주 여의고 모든 액난이 없어 항상 모든 부처님과 선지식의 거두어 주심을 받아지이다.'라고 하느니라."

원 일 체 중 생　　사 리 일 체 도 검 병 장 제 악 고 구
願一切衆生이 **捨離一切刀劍兵仗諸惡苦具**

　　수 행 종 종 청 정 선 업
하고 **修行種種淸淨善業**하며

　"'원컨대 일체 중생이 모든 칼과 창과 병장기와 고통

거리를 여의고 갖가지 청정한 선업善業을 닦아지이다.'
라고 하느니라."

원 일 체 중 생　　이 제 포 외　　보 리 수 하　　최 복
願一切衆生이 **離諸怖畏**하고 **菩提樹下**에 **摧伏**

마 군
魔軍하며

"'원컨대 일체 중생이 모든 공포를 떠나고 보리수 아
래서 마군을 항복 받아지이다.' 라고 하느니라."

원 일 체 중 생　　이 대 중 포　　어 무 상 법　심 정
願一切衆生이 **離大衆怖**하고 **於無上法**에 **心淨**

무 외　　능 위 최 상 대 사 자 후
無畏하야 **能爲最上大獅子吼**하며

"'원컨대 일체 중생이 대중을 두려워하는 공포를 여
의고 위없는 법에 두려움이 없는 청정한 마음으로 가장
높은 큰 사자후를 하게 하여지이다.' 라고 하느니라."

원 일 체 중 생　　득 무 장 애 사 자 지 혜　　어 제 세
願一切衆生이 得無障礙獅子智慧하야 於諸世

간　　수 행 정 업
間에 修行正業하며

"'원컨대 일체 중생이 장애 없는 사자의 지혜를 얻고
모든 세간에서 바른 업業을 수행하여지이다.' 라고 하느
니라."

원 일 체 중 생　　도 무 외 처　　상 념 구 호 제 고 중
願一切衆生이 到無畏處하야 常念救護諸苦衆

생
生이니라

"'원컨대 일체 중생이 두려움 없는 곳에 이르러 모든
고통받는 중생을 구호하기를 항상 염원하여지이다.' 라
고 하느니라."

시 위 보 살 마 하 살　　자 사 신 명　　구 피 임 형 제
是爲菩薩摩訶薩의 自捨身命하야 救彼臨刑諸

옥 수 시　선 근 회 향　　위 령 중 생　　이 생 사 고
獄囚時에 善根廻向이니 爲令衆生으로 離生死苦하고

득 어 여 래 상 묘 락 고
得於如來上妙樂故니라

　"이것이 보살마하살이 자기의 생명을 버려서 사형장
에 다다른 모든 죄수를 구호할 때에 선근으로 회향하는
것이니라. 중생들로 하여금 생사의 고통을 여의고 여래
의 가장 묘한 낙樂을 얻게 하려는 연고이니라."

　일체 중생들로 하여금 생사의 고통을 여의고 여래의 가장
묘한 낙樂을 얻게 하려는 보살의 철저한 대자대비의 마음이
대지를 다 적시고도 남도록 표현되었다.

　화엄경 80권 39품 중 제25 십회향품의 계속이다. 그리고
그 십회향 중 제6 수순견고일체선근회향의 60종의 보시 가
운데 25번째 보시를 설해 마쳤다. 십회향품을 공부하다 보
면 불교는 오로지 보시이며 다시 그 보시를 더 높은 뜻으로
회향하는 것임을 명백하게 알 수 있다.

십회향품 4 끝

〈제26권 끝〉

華嚴經 構成表

分次	周次			內容	品數	會次
擧果勸樂生信分 (信)	所信因果周			如來依正	世主妙嚴品 第一 如來現相品 第二 普賢三昧品 第三 世界成就品 第四 華藏世界品 第五 毘盧遮那品 第六	初會
修因契果生解分 (解)	差別因果周	差別因		十信	如來名號品 第七 四聖諦品 第八 光明覺品 第九 菩薩問明品 第十 淨行品 第十一 賢首品 第十二	二會
				十住	昇須彌山頂品 第十三 須彌頂上偈讚品 第十四 十住品 第十五 梵行品 第十六 初發心功德品 第十七 明法品 第十八	三會
				十行	昇夜摩天宮品 第十九 夜摩天宮偈讚品 第二十 十行品 第二十一 十無盡藏品 第二十二	四會
				十迴向	昇兜率天宮品 第二十三 兜率宮中偈讚品 第二十四 十迴向品 第二十五	五會
				十地	十地品 第二十六	六會
				等覺	十定品 第二十七 十通品 第二十八 十忍品 第二十九 阿僧祇品 第三十 如來壽量品 第三十一 菩薩住處品 第三十二	七會
		差別果	妙覺		佛不思議法品 第三十三 如來十身相海品 第三十四 如來隨好光明功德品 第三十五	
	平等因果周	平等因			普賢行品 第三十六	
		平等果			如來出現品 第三十七	
托法進修成行分 (行)	成行因果周			二千行門	離世間品 第三十八	八會
依人證入成德分 (證)	證入因果周			證果法門	入法界品 第三十九	九會

（資料：文殊經典研究會）

會場	放光別	會主	入定別	說法別舉
菩提場	遮那放齒光眉間光	普賢菩薩爲會主	入毘盧藏身三昧	如來依正法
普光明殿	世尊放兩足輪光	文殊菩薩爲會主	此會不入定．信未入位故	十信法
忉利天宮	世尊放兩足指光	法慧菩薩爲會主	入無量方便三昧	十住法門
夜摩天宮	如來放兩足趺光	功德林菩薩爲會主	入菩薩善思惟三昧	十行法門
兜率天宮	如來放兩膝輪光	金剛幢菩薩爲會主	入菩薩智光三昧	十廻向法門
他化天宮	如來放眉間毫相光	金剛藏菩薩爲會主	入菩薩大智慧光明三昧	十地法門
再會普光明殿	如來放眉間口光	如來爲會主	入刹那際三昧	等妙覺法門
三會普光明殿	此會佛不放光．表行依解法依解光故	普賢菩薩爲會主	入佛華莊嚴三昧	二千行門
祇陀園林	放眉間白毫光	如來善友爲會主	入獅子頻申三昧	果法門

如天 無比

1943년 영덕에서 출생하였다. 1958년 출가하여 덕흥사, 불국사, 범어사를 거쳐 1964년 해인사 강원을 졸업하고 동국역경연수원에서 수학하였다. 10여 년 선원생활을 하고 1976년 탄허 스님에게 화엄경을 수학하고 전법, 이후 통도사 강주, 범어사 강주, 은해사 승가대학원장, 대한불교조계종 교육원장, 동국역경원장, 동화사 한문불전승가대학원장 등을 역임하였다.

2018년 5월에는 수행력과 지도력을 갖춘 승랍 40년 이상 되는 스님에게 품서되는 대종사 법계를 받았다. 현재 부산 문수선원 문수경전연구회에서 150여 명의 스님과 300여 명의 재가 신도들에게 화엄경을 강의하고 있다. 또한 다음 카페 '염화실'(http://cafe.daum.net/yumhwasil)을 통해 '모든 사람을 부처님으로 받들어 섬김으로써 이 땅에 평화와 행복을 가져오게 한다.'는 인불사상人佛思想을 펼치고 있다.

저서로『무비 스님의 유마경 강설』(전 3권),『대방광불화엄경 실마리』,『무비 스님의 왕복서 강설』,『무비 스님이 풀어 쓴 김시습의 법성게 선해』,『법화경 법문』,『신금강경 강의』,『직지 강설』(전 2권),『법화경 강의』(전 2권),『신심명 강의』,『임제록 강설』,『대승찬 강설』,『당신은 부처님』,『사람이 부처님이다』,『이것이 간화선이다』,『무비 스님과 함께하는 불교공부』,『무비 스님의 증도가 강의』,『일곱 번의 작별인사』, 무비 스님이 가려 뽑은 명구 100선 시리즈(전 4권) 등이 있고 편찬하고 번역한 책으로『화엄경(한글)』(전 10권),『화엄경(한문)』(전 4권),『금강경 오가해』 등이 있다.

대방광불화엄경 강설 제26권

| 초판 1쇄 발행_ 2015년 7월 23일
| 초판 3쇄 발행_ 2022년 1월 20일

| 지은이_ 여천 무비(如天 無比)
| 펴낸이_ 오세룡
| 편집_ 박성화 손미숙 전태영
| 기획_ 최은영 곽은영 김희재 진달래
| 디자인_ 고혜정 김효선
| 홍보 마케팅_ 이주하
| 펴낸곳_ 담앤북스
    서울특별시 종로구 새문안로3길 23 경희궁의 아침 4단지 805호
    대표전화 02)765-1251 전송 02)764-1251 전자우편 damnbooks@hanmail.net
    출판등록 제300-2011-115호.
| ISBN 978-89-98946-59-3 04220

정가 14,000원

ⓒ 무비스님 2015